思春期・青年期の心理臨床

大山泰宏

(新訂)思春期・青年期の心理臨床('19)

©2019 大山泰宏

装丁・ブックデザイン:畑中 猛

まえがき

　思春期・青年期は，この本の読者であれば誰もが体験した時期，もしくは今体験しつつある時期であろう。もちろん著者である私も通過し体験した時期である。思春期・青年期の思い出は，記憶の中にしっかりと残っている。一生の中でもっとも多感な時期であり，一生の中でおそらくはもっとも不安定な時期である。心をときめかせたこと，悲しみにうちひしがれたこと，悔しかったことなどなどが，思い出される。

　この科目を担当することになったとき，私の中に浮かんできたのは，思春期・青年期の心理学をすることの不思議さである。乳幼児・児童期の心理学であるならば，その時期を確かに通過してきてはいるものの，子ども時代の心の動きというものは大人の心理からは遠く，また忘れてしまっていることも多く，したがってその時代のことを理解しようとするならば，心理学的な知識や手法を借りなければならないということは分かる。また，中年期・老年期の心理学であるならば，それはまさに，今の自分自身を，そしてこれからの自分自身にかかわることとして，心理学的な知識や手法での理解をすることは，自己理解として支えになり役に立つであろう。しかし，思春期・青年期はどうだろうか。誰もが通過し，そのときの記憶も比較的はっきりと残っているはずなのに，そして今の自分につながる時期であるはずなのに，どうしていまさら「心理学」をしなければならないのか。

　思春期・青年期は，このように今の私につながっている時期でありながら，もはや今の自分はそことのつながりを失ってしまっている不思議な時期でもある。思春期・青年期の人々に，私は日々の心理臨床の営み

の中で出会うことは多い。そうした人々に支援者として，臨床心理学者として出会うということは，もはや自分は，思春期・青年期にはいないからこそ，その接点が生じているわけである。そして，思春期・青年期の子どもや若者に出会うとき，私はいつも驚き，「なるほど」といろんなことを教えられる。思春期・青年期のことを実は何もわかっていないことに気づかされる。自分が通過し体験した時期であり，そのときの思い出も鮮明に残っているはずであるが，思春期・青年期について，実はよくわかっていないのである。それは単に，時代が変わったからということだけではない。どうやら，構造的な必然がありそうなのである。「大人はわかってくれない」という言葉をよく聞くが，思春期・青年期を体験しているはずの「大人」はなぜ，思春期・青年期をわからないのか，あるいは，「大人」のほうは，思春期・青年期の子どもや若者を相手にして，なぜ戸惑ったり，理解できないと思ったりするのか，そのことについて考えることは，思春期・青年期について心理学をしていくうえで，大切な前提であるように思われた。

　思春期・青年期の心理については，すでにいろんなところで語られている。高校の教科書にも，思春期・青年期の心理について記載されていて，それを学ぶ。しかし，高校生の頃，「思春期・青年期の心理とは，こういうものですよ」という，いかにもわかったふうの説明を，いつもしらじらしく感じていたことを思い出す。それは自分のことを，ちっともわかってくれない「大人」が，いかにもわかったふうに語ることへの違和感であり反感であったのだと，今になって思う。

　今回，思春期・青年期について心理学を講じるにあたって，思春期・青年期の子どもや若者について，したり顔の知識を並べて，わかったつもりになって「大人」が安心するような，そうした科目にはしたくないと思った。そうなってしまっては，もはや，思春期・青年期の人たちの

ための心理臨床ではない,「大人」のための心理学である。そうではなく,思春期・青年期の人々に大人たちが向かい合っていくような,その人たちのことを少しでも知ろうとする興味が出てくるような,そして,自分が通過してきたはずの思春期・青年期がどこか遠くなってしまっていることの不思議さを感じ,また,忘れてしまっていた思春期・青年期の思い出がふとよみがえってくることがあるような,そうした科目にしたいと思った。

　思春期・青年期の心理臨床が,ほんとうにその時期を生きる人々にとっての心理臨床となるには,どのようにしたらいいのか模索する中で,私に浮かび上がってきたのは次のようなことである。すなわち,逆説的であるが,成人期と中年期,そして老年期の心理臨床について考察せざるをえないということである。思春期・青年期の人々に対して,それより上のライフサイクルの時期を生きている人が,どのようなことを期待し思いを寄せているか,そしてそのことは,自分たちのライフサイクル上のテーマとどのように関連しているのかといった,思春期・青年期の人々を前にしたときの「自己理解」があってこそ,思春期・青年期の心理臨床たりうるのだということである。そして,中年期・老年期にある人が,どのように思春期・青年期の人々と連帯し,希望をもって「今」を生き抜いていくか,そうしたことを論じてみたいと思った。この密やかな野望がどれほど成功したかは,読者諸兄姉の評価に委ねるところである。

　こうした野望から執筆しはじめた『思春期・青年期の心理臨床』であるが,思いのほか長い時間がかかってしまった。この本の執筆にとりかかる前,私は,数年間にわたり論文や本がまったく書けない状態であった。長年の過労がたたり,心身の調子を崩してしまっていたのである。

頭が働かず言葉が出ない状態が続いていた。しかしながら，この科目のために印刷教材を執筆することに取り組む中で，自分の働かない頭の中からアイデアを絞り出して言葉にして拾い上げ，あるいは言葉を書くことによって思考がようやく動きはじめ，少しずつ自分の「正気」をとり戻していった気がする。まさに，動かない手足を何とか少しずつ動かす練習をするような，私の心と言葉をとり戻すリハビリを，この印刷教材の執筆を通して行ったといっても過言ではない。そうした事情もあり，今から読み直すと，ぎこちなかったり，自由な動きに乏しかったり，十分に踏み込めなかった箇所も散見されるが，なんとか世に出せる形になったことには，ほっとしている。

　私の「リハビリ」をゆるやかに温かい目で見守ってくださった（内心はきっと冷や冷やされていたと思うが），編集者の甲斐ゆかりさんには，心から感謝を申し上げたい。また，根気強く私のペースにおつきあいくださった，放送大学教育振興会のみなさん，そして放送大学の教務課教育課程編成係・教材係のみなさんにも，御礼を申し上げたい。「人はひとりでは生きていけない」，この当たり前の言葉が，今さらながら私には温かく新鮮に響いている。そしてこの言葉は，思春期・青年期の人々にも，何よりも届けたい言葉である。

2018年11月　京都深草の寓居にて
大山泰宏

目次

まえがき　　大山泰宏　3

1　思春期・青年期の誕生　　10
1．思春期・青年期に込められる想い　10
2．思春期・青年期の誕生　13
3．ライフサイクルの中の青年期　16
4．文学や芸術の中の思春期・青年期　20

2　思春期・青年期の心のあり方　　24
1．前思春期という時期　24
2．疾風怒濤の思春期・青年期　29
3．青年期の旅路　33

3　ともだち関係と思春期　　37
1．大人との関係からともだち関係へ—前思春期　37
2．チャムから仲間の関係へ—思春期と青年期　41
3．青年期の孤独とアイデンティティ　46

4　発達障がいという概念　　52
1．発達障がいの概観　52
2．発達障がいの概念を捉え直す　60

5　学校と思春期　　67
1．学校という場の特殊性　67
2．スクールカウンセリング　74
3．自己探究の場としてのスクールカウンセリング　77

6 | 思春期・青年期と「異界」　　　　82

1．異界への興味　82
2．異文化と思春期・青年期　87
3．異界との接触の創造性と危険性　92

7 | 思春期・青年期と非行　　　　98

1．思春期・青年期と逸脱　98
2．非行の時代変遷　104
3．逸脱としての非行から未熟な暴力へ　110

8 | 思春期・青年期と不登校・ひきこもり　　　　116

1．内閉の時期としての思春期・青年期　116
2．不登校　121
3．ひきこもり　126

9 | 思春期・青年期と身体　　　　132

1．思春期の身体的変化　132
2．身体にかかわる精神疾患　135
3．思春期のジェンダー　143

10 | 思春期・青年期の心理療法（1）　　　　148
　　　―カウンセリングと非言語的療法―

1．思春期・青年期の心理療法の特徴　148
2．思春期・青年期の心理療法の観点　155
3．非言語的療法　158

11 | 思春期・青年期の心理療法（2） 163
　　　―発達障がいの心理療法―

　　1．思春期・青年期と発達障がい　163
　　2．発達障がいの心理療法　168
　　3．集団の中での支援　176

12 | 思春期・青年期とメディア 180

　　1．メディアの心への影響　180
　　2．思春期・青年期のメディア　184
　　3．メディアの構成する世界と影響　188

13 | 思春期の子ども期，おとなの思春期 197

　　1．心理発達課題の残存　197
　　2．思春期・青年期における基本的信頼感のテーマ　201
　　3．おとなの思春期・青年期　204

14 | 思春期・青年期と家族のつながり 211

　　1．家族という「つながり」と「まとまり」　211
　　2．思春期・青年期と親子関係　216
　　3．思春期・青年期と祖父母　223

15 | 思春期・青年期を生きるということ 228

　　1．思春期・青年期を生き直すこと　228
　　2．思春期・青年期と世代性　234
　　3．思春期・青年期の心理臨床を学ぶということ　240

索引　244

1 | 思春期・青年期の誕生

《目標&ポイント》
・思春期，青年期という用語の定義と内実を理解する。
・青年期という区分が登場した社会・文化的な背景を理解する。
・ライフサイクルの中で，思春期・青年期が，どのような意味をもつ時期であるかを理解する。

《キーワード》　思春期，青年期，ライフサイクル，自我同一性

1. 思春期・青年期に込められる想い

(1) 思春期・青年期の定義

　思春期，青年期という言葉をきいたときに，どんなことを思い浮かべるであろうか。その時代を過ぎ去った者は，いくばくかの懐かしさと，甘い響きを感じるかもしれない。あるいは，その頃の心の揺れの苦しさを思い浮かべるかもしれない。思春期と青年期という言葉は，似ている言葉であるが意味するところは異なる。まずこの区別をしておく必要があるだろう。

　思春期は英語では puberty という。これはもともとはラテン語の pubes（性毛）を語源としており，第二次性徴としての身体的な変化が生じてくる時期をさす。思春期に入ると，女性であれ男性であれ，自分の心がその変化に追いついていくのが難しいほどのスピードで，大人の体になっていく。まさにそうした変化の真っ只中にある時期が，思春期で

ある。

　思春期は身体的な変化ばかりか，心も大きく変化していく時期である。それまで感じたことがないような感覚や情念，とりわけ異性に対する抗しがたい気持ちの動きなど，それまで自分には馴染みがなく，どのように扱ったらいいのか戸惑ってしまうような心が生じてくる。

　それに対して「青年期」は，もう少し広い時期をさす。青年期は英語では adolescence というが，ラテン語由来のこの言葉は ad（〜に向かって）と alescere（成熟した状態）という 2 つの言葉に語源をもつ。すなわち，大人に向かいつつある移行状態という意味が込められている。大人への移行状態をさすことから，青年期は思春期のように身体的な変化と対応する概念というより，心理的・社会的な状態にかかわる概念である。

　地域の「青年団」には，時には40歳代の人も属していて重要な担い手となっていることがあるが，「青年」とはこのように広い時期をも包含することができる。このように，定義も時期の区切りもあいまいなところが，青年という言葉の本質と関わってくる。「青年団」は，その体制の運営等の中核を担ったり責任をもったりする存在ではない。組織の因習的で硬直したあり方とは少し距離をおきつつ，新しいことを企画したり，未来のあり方を語りあったりする存在である。こうした社会的参画の中核にいるわけではなく，その準備段階にあり，それだからこそ自由で夢想し新たなことを試みることが許された存在こそが，「青年」なのである。

（2）境界としての青年期

　心理学者のクルト・レヴィン（Kurt Lewin）は，青年のことを境界人（マージナルマン）と称した（Lewin, 1939）。「マージナルマン」と

いうのは，もともとは社会学の用語であり，あるグループに参加しようとしても未だ中心的な位置に参入することができず，周辺的位置にとどまっている人々の状態をさす言葉である。青年とはさしずめ，大人のグループに参与しようとしても，まだ参与しきれていない状態である。あるいは「子ども」と「大人」の「境界」にあると言ってもよい。

　境界は，民俗学的にも社会学的にも，そして心理学的にも，どこかに属して縛られるのではなく，あいまいな位置であり自由な位置である。町の境界には，市が開かれ，そこでは町の外の人々との交流や物資の交換が行われた。旅芸人など，どこにも属せずに渡り歩く人が活躍する場であった。境界は，閉鎖的で凝り固まった組織や場所の周辺として，新しいものが生まれ入ってくるところであった。しかし同時にそこは，危険な場所でもある。組織の周辺部分に位置するがゆえに，中心からしっかりと保護されるということはない。境界はわけの分からない新たなものが入ってくる場所でもあり，道祖神や地蔵といった呪術的な護りが必要な場所でもあった。

　青年は，子どもの世界と大人の世界の境界に生きている。もはや子どもではなく，かといってまだ大人ではない。子どものように大人から保護されることを拒否しつつ，閉鎖的で凝り固まった大人社会に反感をもち，それとは違った新たなものを探し求めようとする。けれども，何を信じて何を頼りに生きていけばいいのか，不安な状態に投げ出されている。むしろ，そうした不安な状態を自ら選んでいるのである。境界にあることが青年の本質であるならば，原理的にはどんな年齢であっても青年たりうることは可能であろう。実際，「万年青年」という言葉もある。

　しかしながら，一生を通じてそうした位置に留まり続け，青年の心性をもち続けているわけにはいかないというのが現実である。社会や組織の中での責任が重くなれば知らず知らずのうちに保守的となり，また加

齢に従って，新奇なものよりも馴染みのある常套的なものを好むようになっていく。

これに加え，ライフサイクル上の変化もある。結婚をして，子どもが生まれ親になると，青年期のような自由闊達さばかりを追い求めてはいられなくなる。子どもの社会化に責任をもつ存在として，自分自身が否応なく周辺的な境界にいる存在ではなく，社会の中心的な存在になっていかねばならないのである。

かくして青年期は，その原理上はいかなるライフサイクルの世代にも可能であるにしても，現実的には特定の時期に限定されたものとなり，人はいつのまにか青年期を通り抜けてしまうのである。

2．思春期・青年期の誕生

（1）思春期のはじまり

思春期は生物学的な成熟と発達を前提としている時期であることから，人類の歴史上，いつの時代にでも存在している。それは，性愛に目覚める時期であり，心に揺れと不安が生じる時期である。シェイクスピアの悲劇『ロミオとジュリエット』は，17歳の男子と13歳の女子との悲恋の物語である。二人は互いに惹かれあい，互いの対立する家同士の関係に苦しむ。その制約の中で生きることと，自分たちの愛を実現しようとすることの矛盾の中での悲劇である。

『ロミオとジュリエット』は，お互いが熱烈に惹かれあうという性愛に目覚める頃の思春期の物語であるが，これが青年期の物語かというと，少し保留が必要であろう。二人は，キャピュレット家とモンタギュー家を背負いつつ，そこから離脱することは不可能であった。二人の未来には，因習的な大人社会がすぐさまに待ち受けており，大人社会を否定して自分たちで新たな未来を築いていくという自由はなかった。

二人は，現実の社会では「境界」に生きることはできなかったのである。だからこそ，薬によって42時間仮死状態になるという，まさに生と死の「境界」に立つことでしか，その世界から出ることができなかったのである。その意味では，青年であることを求めつつも，青年になることを許されなかった物語である。

　子どもが思春期になって性愛にめざめればすぐに大人の仲間入りをするのではなく，そこに大人でも子どもでもない固有の心理的意味があることが着目されるようになったのは，近代という時代を迎えてからである。

　個人や自由を尊重する近代の幕開けの時期，フランスの思想家ルソー（Rousseau, J-J.）が1762年に著した『エミール』には，男の子が思春期に入っていく様子が描かれている。子どもの状態から抜け出して，新たな情念の渦をもつようになったとき，私たちはいわゆる「第二の誕生」を経験するのである。

　わたしたちは，いわば，二回この世に生まれる。一回目は存在するために。二回目は生きるために。（中略）暴風雨に先だってはやくから海が荒れさわぐように，この危険な変化は，あらわれはじめた情念のつぶやきによって予告される。にぶい音をたてて醱酵しているものが危険の近づきつつあることを警告する。気分の変化，たびたびの興奮，絶え間ない精神の動揺が子どもをほとんど手におえなくする。まえには素直に従っていた人の声も子どもには聞こえなくなる。それは熱病にかかったライオンのようなものだ。子どもは指導者を認めず，指導されることを欲しなくなる。（中略）これが私のいう第二の誕生である。ここで人間はほんとうに人生に生まれてきて，人間的ななにものもかれにとって無縁のものではなくなる。（今野一雄訳『エミール』（中）第四編，5～7頁）

こうして思春期が始まることは，青年期の旅に向け一歩を踏み出したことを意味する。定義上，広い意味での青年期は，思春期をもって始まるのである。

(2) 青年期という時代の誕生
　青年期は，近代という時代の到来とともに誕生した。時代でいえば，ヨーロッパでは18世紀頃，日本では明治維新以後ということになろう。多少おおざっぱな括りにはなるが，それ以前の伝統的な社会では，社会的な階層が大変強固であり，氏や生まれによって将来どんな職業につくかはほぼ決まっていた。社会の変化のスピードもそれほど早くなく，知っておくべき新しい知識が追加されることも少なかった。一人前になるまでに学ぶべきことは比較的限られていたのである。人々にとって大切なのは，伝えられてきた知識や伝統を覚えておいて次の世代に確実に伝えていくことであった。そうでないと，書物などの記録媒体が一般的ではなかった時代では，先人から伝えられてきた知識の積み重ねは，消えてしまうからである。したがって，新しいことを探求し新しい知識を作り出していくよりは，因習的に昔を伝えていくことが大切であった。しかし次第に，印刷された書物が一般的になり，また世界の様々な珍しい文物が交易の結果伝わるようになってくると，新しいことを探求したり，ここにない世界を空想し憧れたりする心の自由が誕生してきた。またフランス革命や人権思想や自由思想の影響で，旧体制に縛られるのではなく，個人としての新しい可能性やあり方というものを探求する動きが出てきた。こうした新たな精神の誕生と関連して，まさに「青年期」が誕生したのである。

　精神分析家で発達心理学者のエリック・エリクソン（Erikson, E. H.）は，青年期は心理・社会的にモラトリアムの時期だと述べた（Erikson,

1968)。モラトリアムとは，もともとは経済学の用語で，借金を返すのを猶予されている期間のことである。それと同じように，青年期は，子どもの頃はさんざん親に世話になり，要するに「負い目」をもつのであるが，その恩返しをして報いるにはまだまだ時間があり，社会的な生産の中に組み入れられていくのを猶予された時期である。だから青年は，早く一人前になりたいと思いつつも，今の大人社会にはない理想を描くことができるのである。

　青年期の特徴は，まさにこうした自由を謳歌できる猶予期間があることである。ロミオとジュリエットには，こうした自由や猶予の期間はなく，すぐ先には，大人社会への参入と責任が待ち受けていた。もし，『ロミオとジュリエット』が青年期の物語であれば，たとえば二人が異国へと駆け落ちして，二人で新しい未来を築くといった展開も期待できるであろう。あるいは，二人が同世代の仲間たちの助けを借りて，大人社会に対して一種の革命を起こして，めでたく結ばれるというような展開もあるかもしれない。こうした物語を今私たちが想像することができるのは，まさに青年期という時期のイメージが私たちにあるからなのである。

　「モラトリアム」の時期は，大人になることを猶予されている時期である。だからこそ，個人としての新しい可能性やあり方を探求できる時期でもあるのである。

3．ライフサイクルの中の青年期

（1）ライフサイクルという考え方
　春には草木が芽吹き花が咲き，夏には盛んに生い茂る命に溢れ，秋には木々の葉も色づき豊かに実を結び，やがて色褪せ葉が落ちて冬枯れの景となる。人の一生も同様に，この世に生を受け育ち，生命力に溢れた

時期を過ぎ，次の世代へと自らの実りをつないでいく時期を経て，やがて土に還っていく。まるで四季の移り変わりのように，それぞれの時期が巡り通りすぎていくのである。人生におけるそれぞれの時期のこうした移り変わりを「ライフサイクル」という。ライフサイクルという四季の中で青年期は，春から夏に移り変わる青葉が眩しい命の盛んな時期に該当するであろう。「青年」という言葉が，まさにそれを暗示している。

　ライフサイクルをどのように区切り，どのように考えるかには，心理学の中でいくつかの理論があるが，ここでは，その中で最も知られており，かつ重要な知見を与えてくれる，エリック・エリクソンの発達の漸

	段階	I	II	III	IV	V	VI	VII	VIII
VIII	老年期 （65歳〜）								統合性 対 絶望・嫌悪 英知
VII	壮年期 （35〜65歳）							生産性 対 停滞 世話	▶
VI	成人前期 （21〜35歳）						親密さ 対 孤立 愛		▶
V	青年期 （13〜21歳）					同一性 対 同一性混乱 忠誠			▶
IV	学童期 （6〜13歳）				勤勉性 対 劣等感 適格				▶
III	幼児後期 （2〜6歳）			自主性 対 罪悪感 目的					▶
II	幼児前期 （1〜2歳）		自律性 対 恥・疑惑 意志						▶
I	乳児期 （0〜1歳）	基本的信頼 対 基本的不信 希望							▶

図1−1　エリクソンの発達段階の図式（漸成説）
　　　各発達段階の項目の上段は「危機」を，下段は「発達段階」を表す。

成説を紹介しておこう（Erikson, 1956, 1982）。エリクソンは，人生を幼児期から老年期に至るまで8つの時期に区切った（図1-1）。ひとつひとつの時期の説明はここでは省略するが，エリクソンのライフサイクル論で重要なのは，次の点である。

まず，ライフサイクル上の各時期には，それぞれに固有の心理・社会的な危機がある。すなわち，自分自身の心のあり方ばかりか他者との関係のあり方も，大きく変化を迫られることが生じる。その危機をうまく乗り越えることができれば，その時期の発達課題を達成できるというのである。たとえば，人生の最初期の乳児期には，「母親の胎内から外に出て生きる」という，人生の中で最初のそしておそらくはもっとも大きな心理・社会的危機を体験する。この時期に乳児は，周囲の人々の養育を受ける中で，養育者や自分をとりまく世界を心から信頼できるようになることが大切で，それに失敗すると根本的な不信感をもってしまう。そして，信頼感をもつことができるようになれば，生きることに希望をもつという発達課題が達成できるというのである。

エリクソンのライフサイクル論の中で，青年期はだいたい13歳から21歳の年齢とされ，そこでの危機は自我同一性を達成するか，同一性が拡散してしまうかということである。自我同一性（ego identity）とは，これこそが自分であるという感覚と考えをもつことができ，それに対応した役割をグループや社会の中でもつことができる状態のことである。すなわち，自分は何者であるのか，どのように生きていけばいいのかということについて，自分なりの考えをもち，それを社会の中に位置づけることができるという，心理・社会的な同一性のことである。そうした自我同一性を獲得するのか，それとも迷ったまま混乱の状態にあるのかという危機であり，自我同一性が獲得できれば，忠誠性（fidelity）という発達課題が達成される。すなわち，社会や人生の中で，自分がコ

ミットして能力や強さを発揮していくことができるようになるというのである。

　もうひとつ，エリクソンの理論で重要なのは，相互性（mutuality）という考え方である。人は一人ではなく，関わりの中で生きており，そこには様々な世代の人との関わりがある。その中で，発達上の危機と発達課題は世代間で相互に関連しあいながら進展し，発達課題はその関わりの中でこそ，達成されるという考え方である。たとえば，ある人が青年期を通過しつつあるとき，その親世代は壮年期にある。青年は大人である親世代に反発しつつ，自分自身のあり方（自我同一性）を探求していく。いっぽう親世代は，自分たちがなし遂げてきたことを次世代の青年に伝承しつつ，青年たちが大人になっていくのを見守り育んでいくのが課題となる。このように，青年がライフサイクル上の危機と発達課題に取り組んでいるときに，親世代は，「生産性（世代継承性，generativity）」を発揮できるかどうかという危機に取り組み，次世代に心を配り「世話（care）」をするという，発達課題の獲得をなし遂げていくのである。

　思春期・青年期は，ライフサイクル上の一時期として，そこに特有の危機と課題があり，またそれは他の世代との関わりとの中で展開されているというつながりにも，心を留めておきたい。

（2）イニシエーションの消失から青年期へ

　青年期はライフサイクルの中の確固たるひとつの時期であるが，初夏が必ず四季の中に存在するのとは違って，青年期という時期区分は，どんな時代にもいかなる文化にも存在するというわけではない。先述したように，青年期は，自分の新たなあり方を探求できるようになった近代という時代になって出現した。近代として区分される以前の伝統的社会

においては，子どもから大人になるとはどういうことであるか決まっていたので，イニシエーション（通過儀礼）を経ればすなわち大人であった。

　イニシエーションの儀式は，その社会によって決められた方法でおこなわれるものであった。日本でいえば元服の儀式であり，男女共通の童髪から男女で異なる大人の髪形になることであった。あるいは，「大人」に仲間入りするための試練を受けたり，親のもとから隔離されていろいろな教えを受けたりする社会もあった。それらに共通しているのは，大人になるとはどういうことであり，大人になるためにはどういう手続きを踏めばいいのかを，社会が教えてくれていたということである。

　しかしながら近代というダイナミックな社会となってからは，社会の流動性が高まり変化も速くなり，これが完成された姿であると言えなくなった。「自分が何者であるのか」ということも，単に社会的な役割として定義されるだけでなく，自分自身で探究し問わねばならなくなったのである。

　ライフサイクルの中に，モラトリアムの時期としての青年期が生まれたということは，生き方を探求できる自由をもったことであると同時に，そうした迷いと問いかけに直面しなければならない苦悩をもったということでもある。そして社会のほうも，こうした青年の存在から突きつけられる新たな社会のあり方の提唱を含みつつ，さらに流動的でダイナミックな変化に富むものになっていくのである。

4．文学や芸術の中の思春期・青年期

　先ほど引用した『エミール』とほぼ同時期，青年期という時代の到来を告げる象徴的な文学作品がある。それは，ゲーテ（Goethe, J. W. von）が1774年，25歳のときに出版した『若きウェルテルの悩み』であ

ろう。そこでは，青年期の心のうごめき，腐敗した大人社会への反感，異性に惹かれる心の動き，希望と絶望のあいだを激しく揺れ動く心，友への友情と嫉妬など，青年期の心の姿が見事に描きだされている。ウェルテルは，最後に銃で自殺するのであるが，当時はそれを模倣した自殺が多発した。ちょうど現代において，物語の主人公に同一化し模倣して，命を自ら絶つ事件が起こるのと，まさに同じ現象が起きていた。そのため『若きウェルテルの悩み』は悪書として論評されるが，それでもその人気は絶大なものであった。ウェルテルの服装を真似た格好も流行したというが，主人公に多くの人が同一化するほど，「若者」はそうした生き方を求めていたのである。

　歴史のうえでの青年期の誕生を象徴的に示すものは，他にもあった。ベートーベン（Beethoven, L. van, 1770-1827）の音楽である。19世紀の初頭に活躍したベートーベンは，それまでの音楽家たちのように，貴族や王室などのパトロンのお抱えとして御用をきくのではなく，自らの個性を売り出して積極的に楽譜を出版し，音楽家としての独立した専門的な地位を築いた。そしてその音楽は，これまでのどの音楽とも異なり，明確な自己意識と情念の解放に満ちたものであった。誰もがその音楽に新しい時代の幕開けを感じとった。音楽界におけるベートーベンの登場は，音楽における青年の登場であったといえよう。

　日本では，「青年期」が意識されたのは明治維新以後であると述べたが，それはまさにこの時期が，それまでの伝統的文化とは異なった新しい社会のあり方，学問，自意識を求める時代であったからである。幕末に維新をなし遂げた人々が活躍したときの年齢をみると，比較的若い世代によって実現されたということがわかる。吉田松陰が安政の大獄で処刑されたのは30歳であり，橋本佐内は26歳である。後に初代総理大臣となる伊藤博文は，明治維新のとき27歳であった。新しい日本は，伝統的

なあり方から脱して新しい知識を求め，新しい国の礎を築こうとする青年たちの運動によってできあがったのだともいえる。

現在の私たちからみて，その象徴的な存在が，坂本龍馬であろう。33歳で暗殺された龍馬は，私たちのイメージの中で，いつまでも青年である。脱藩し浪人となるという，まさにマージナル（境界的）な位置に自分を置き，着物にブーツという奇抜な格好をし，自由で大胆な発想をした。そして何より自由な生き方であった。そうしたところに，私たちは「青年期」の理想的な姿を投影するのである。

あるいは，太平洋戦争の終戦後，敗戦の傷と混乱からの回復途上の中，1947年に新聞に連載された石坂洋次郎の『青い山脈』も，「青年期」の物語として，新しい時代の訪れを感じさせ人々に希望を与えた（図1-2）。

図1-2　映画化された『続　青い山脈』の1シーン　　（©TOHO CO., LTD.）
　　　ひとりひとり個性的な青年（高校生）が，新しい民主主義の時代の生き方をひたむきに，ときにユーモラスに探究していく。そしてこの小説の試みこそが，新たな時代への挑戦であった。

古い因襲に囚われず，ときには羽目を外しながらも，自分自身の生き方を模索する高校生たちの姿は，ユーモアに満ちた明るい希望を人々の心に届けた。そこにも，民主主義の新しい社会の誕生が，「青年期」の題材を通して表現されているのである。

　このように青年期という新しい精神の誕生は，個人においても歴史においても，それまでの社会や生き方から離脱し，新しい何かを探求することに関連して始まる。思春期・青年期は，もう子どもではないがまだ大人ではない。何者かになろうとしているけれども，まだ何者でもない。そうしたマージナルな位置で，心の揺れや不安を抱えつつ，「私」を探す心の旅に出るのが，思春期・青年期なのである。

引用・参考文献

Erikson, E. H.（1956）The problem of ego identity. *Journal of American Psychoanalytic Association*, 4, 56-121.
Erikson, E. H.（1968）*Identity: Youth and Crisis*. Norton.
Erikson, R. H.（1982）*The Life Cycle Completed: a Review*. Norton.
Lewin, K.（1939）Field theory and experiment in social psychology. *American Journal of Sociology*, 44, 868-897.
石坂洋次郎（著）1947『青い山脈』新潮社
ゲーテ（著）高橋義孝（訳）1952『若きウェルテルの悩み』新潮社
ルソー（著）今野一雄（訳）1962『エミール』（上・中・下）岩波書店

2 | 思春期・青年期の心のあり方

《目標＆ポイント》
・思春期・青年期に生じる心の世界の変化を理解する。
・自分自身の思春期・青年期を振り返り，その時代の心のあり方について，体験的に理解する。
・大人社会と青年との関係について理解する。
《キーワード》前思春期，自我体験，第二次性徴，反抗期，疾風怒濤

1. 前思春期という時期

（1）前思春期と心の変化

「最近の若者は……」という言葉が言われだしたのは，決して最近のことではない。特に最近になって，大人と青年とのギャップが大きくなってきたというわけではなく，大人が青年を見たときに違和感をもったり顔をしかめたくなったりするのは，時代を問わず普遍的なテーマであるようである。それはきわめて普遍的な心理学的な現象なのである。

たしかに大人になると，不思議なことに自分にも思春期や青年期があったことをどこか忘れてしまっている。その当時にあれほど心が動いたことにもさほど心が動かなくなり，あれほど熱中したことも熱が覚め，あれほど悩み苦しんだことも遠く思い出され，ときには懐かしく感じることさえあるほど，距離をもって感じられることもある。

大人の心と思春期や青年期の心に断絶があるように，思春期の心の始

まりにも子ども時代からの断絶がある。思春期は，ある日突然にそれまでの世界が一変するところから始まる。それはすなわち，ある日突然の心の変化である。

　思春期は，第二次性徴としての身体的な変化を中核とする時期だと第一章の冒頭で述べた。しかしながら，そうした身体の変化が始まるより少し前に，「思春期の心」は始まっている。子どもの心のまま大人の体になっていくのでは，大きな危険をはらんでいる。そこで私たちの生命の知恵なのか，まず心を大人の心に構造的に変化させてから，後に体が大人の体になっていくという順序をとるのである。

　第二次性徴が始まる前，まだ子どもの体のままなのだけれども，心は大きく大人に向けて変化する。この時期のことを前思春期（prepubescent もしくは preadolescence）という。年齢でいえば，だいたい小学校の中学年あたりである。女子は男子より少し早く3年生ぐらいから，男子は4年生か5年生ぐらいから始まる。この時期は，フロイト（Freud, S.）に端を発する精神分析の発達の理論では，凪の時期として捉えられていた。幼児期や児童期初期の頃のような聞き分けのなさもなく，思春期のような激しい熱情の揺れもない。ある意味で大人しくて手がかからない時期である。しかしながら，心の中では大きな地殻変動が生じつつあるのである。

　前思春期には，それまで自明であったものが突然に自明でなくなる体験をする。自分の父親と母親は，それまではあたりまえに自分の父親と母親だと思っていたのに，突然に，「ほんとうに自分の両親なのか，自分は貰い子なのではないのか」と着想し心配になってくる。夜自分が寝ているあいだに，「父親と母親は，ほんとうに昼間と同じ姿なのか，もしかすると，妖怪の姿になっているのではないか」と怖くなる。カーテンを閉めているあいだ，「外の景色はほんとうに，昼間に見ているとき

と同じなのか」と不安になる。そうした不安や問いかけはいずれも単なる思い込みにすぎないのだとは，証明することができない。そんなことはないと誰かが言ったとしても，その証拠を納得いく形で見せることはできないだろう。すなわち，疑うことなく自明な前提として生活していたことが，揺れ動いているのである。

　前思春期の問いかけは，哲学的でもある。「自分が生まれる前，自分はどこにいたのだろう」「人は死んだらどうなるのだろう」「なぜここに今自分はこうして生きているのだろう」「死んだら意識はなくなるというがそれなら自分が死んだことが自分ではわからない，だから今生きているつもりの自分は実は死んでいるのではないのだろうか」とも思い悩む。「宇宙の果てはどうなっているのだろう，夜空の向こうには何があるのだろう」と考える。そして，神秘的で不思議なものに興味をもつことも多く，心霊現象やUFOに夢中になったりする。

　前思春期はまた，いろいろなものに違和感をもつ時期でもある。親が口をつけたカップを受け取って飲むことができなくなる，親が入ったすぐあとのトイレがとても嫌になって，入りたくなくなる。自分の手の形が，突然とても奇妙な形にみえてくる。そうした感覚が行き過ぎて病的になった場合は，たとえば自分の鼻が醜く見えて削り取ってしまいたいくらいの違和感をもったり（醜貌恐怖），食べ物が急に気持ち悪くなって体内に取り込むことができなくなったり，食べると体形が醜くなってしまうのではないかと思ったりする（摂食障害）こともある。さらには，どれだけ時間をかけて何度手を洗っても，まだバイ菌がついているように感じたり，横断歩道の白線から足を踏み外してしまうと悪いことが起こると自ら作り出した迷信に怯えたりすることもある（強迫神経症）。このような，それまでは問わずに済んでいたことを問いかけはじめるのが，前思春期なのである。

前思春期のこうした心の突然の変化を，私たちは大人になったら忘れてしまっている。しかしながら，先述したような感じ方や体験を読んで，そういえば自分にも似たようなことがあったと，多くの人が思い出すことができる体験でもある。

（2）自我体験

　世界に対して，そして自分自身に対して突然に違和感をもつという体験は，逆説的ではあるが自分という存在を強烈に意識する体験でもある。「自分はほんとうに自分だろうか」「どうして私は私なのだろうか」という，私に関する問いかけをする中から「私はほかでもない私なのだ」という意識が鮮やかに浮かびあがってくる。このことを，ビューラー（Bühler, Ch.）は，自我体験（Ich-Erlebnis）と名付けた。彼女が，自我体験の典型としたのが，ルドルフ・フォン・デリウスという青年の日記に書かれた体験である（Bühler, 1921/1969）。

　夏の盛りであった。私はおよそ12歳になっていた。私は非常に早くめざめた。（略）私は起き上がり，ふり向いて膝をついたまま外の樹々の葉をじっと見た。この瞬間に私は自我体験をした。すべてが私から離れ，私は突然孤独になったような感じがした。妙な浮かんでいるような感じであった。そして同時に自分自身に対する不思議な問い，お前はルディ・デリウスか，お前はお前の友達がそう呼んでいるのと同じ人物か。私の中の第二の私が，ここでまったく客観的に名称としてはたらくこの別の私に向かい合った。それは，今まで無意識的にそれと一体をなして生きてきた私の周囲の世界からのほとんど肉体的な分離のごときものであった。私は突然自分を個体として，取り出されたものとして感じた。私はそのとき，何か永遠に意味深いことが私の内部に起こったのを

ぼんやり予感した。(『青年の精神生活』原田茂訳)

　ここにみられるのは，突然，自分自身を対象化して見つめる意識の誕生である。それまで，ある意味で，周囲との関係の中に埋もれていた自分という存在の中から，そこから離れて自分自身を意識する「私」が突然に生まれ，自我体験が生じる（＝私というものを体験する）のである。このときに「私」は，自分を見つめ自分について考える「私」と，それによって対象化され見つめられる「私」とに分離する。こうした「私」の二重化と分離は，「私」という存在が私にとってはっきりと意識され，それと鮮烈に出会うということでもある。

　自我体験は突然に訪れるものであり，そこには自分自身がまぎれもない「個」だと気付く孤独感がある。また先述した，前思春期において世界の自明性が揺らぐ体験も，自我体験のひとつの側面である。

（3）前思春期の認知的変化

　このような前思春期の体験的世界の変化は，子どもの認知能力の変化と対応したものである。前思春期は，ありそうもないことを思い描いたり，哲学的とでもいえる考えが出てきたりすることを述べた。要するに，今目の前にないこと，体験的世界から離れた抽象的なことを思い描く能力の発達が，その背後にある。

　前思春期の時期に入ると，それまでトランプゲームの神経衰弱が得意だった子どもが，突然できなくなったりする。これは記憶のシステムや方略が，大きく変わるからである。それ以前の子どもは，どこにどのような札があるのか，視覚像として覚えている。またこの頃の子どもは，一度聞いたことを細部まで忘れずに覚えていたりする。このように見たり聞いたりしたものを，視覚情報や音韻情報としてそのまま加工せずに

感覚的にとどめておく記憶を，感覚記憶という。小さな子どもは，そうした記憶のシステムが優位なのである。

　ところが，前思春期を過ぎる頃から，子どもの脳は別の記憶の仕方に移行していく。すなわち，見たり聞いたりしたものそのままを覚えるのではなく，過去の自分の経験や知識と結びつけて意味づけて覚えるようになる。これを意味記憶という。この意味記憶は大人の記憶の仕方である。したがって，かつてのようにトランプの札の配置を，そのまま覚えておくことができなくなるのである。

　他にも前思春期では，次のような変化がある。小学校の4年生では，分数や小数という，新しい数の概念が出てくる。それまでの自然数だけの世界では，数字は目に見える具体的な個数と対応していて，数えることができる世界であった。しかしながら，分数や小数は，もちろん具体物との対応をヒントに考えていくのであるが，そこで獲得されるのは，具体物がなくても抽象的な「数」として，あるいは数と数の操作としての概念を獲得していくことである。さらには，「速さ」という概念も出てくる。「速さ」はある程度は目視できて体感できるものではあるが，時間と距離という2つの概念を使って計算するところから導き出されるものである。要するに，具体的な概念と概念を組み合わせて操作して，そこから導出される一段階抽象的な概念を扱うことができるようになるのである。こうした操作ができるようになる段階は，発達心理学者のピアジェが「形式的操作期」と呼んだ抽象的な思考が可能となる時期とも重なる。

2．疾風怒濤の思春期・青年期

（1）青年期の入り口としての思春期

　やがて第二次性徴が生じて，身体的に大きな変化が生じてくると，子

どもは思春期に入っていく（第9章参照）。男の子は男性らしく，女の子は女性らしい身体の特徴を備えるようになってくる。女性は初潮を迎え，男性は精通を経験する。大人の身体となってくることで，生殖をおこなうことができる状態になるのであるが，このことは，心のあり方にも大きな影響を与える。

　それまでは親に対して，身体接触を伴う親密な関係をもっていたのに，突然に距離をとり，よそよそしくなる。とりわけ異性の親に対しては，拒否感をもったり時には生理的な嫌悪を感じたりすることもある。これは，近親相姦を避け親以外の異性との結びつきへと移行するための，生物学的な当然の変化である。以前の伝統的な社会であれば，そうした変化が生じることが，まさに大人の仲間入りを果たす時期であっ

図2-1　思春期の性の目覚め（西原理恵子『できるかなクアトロ』2007（扶桑社）より）
　　　ある日突然に異性を意識しはじめ，それまでとは違う存在になることが見事に表現されている。

た。そしてこの時期に異性に対するそれまで感じたことがないような感情，すなわち性的なニュアンスを含んだ思慕の情が生まれてくるのである（図2-1）。

　また思春期は，感受性が鋭く心理的にとても不安定になる時期である。第7章で詳しく論じるが，ちょうど思春期にあたる時期に，子どもたちの逸脱や非行，粗暴な行為というものが目立つようになる。これらは自分の中に生じてくる様々な馴染みのない感情をもてあましているようにも見える。こうして家庭では，いわゆる「反抗期」が始まるのである。

　子どもたちは思春期に入ると，否応なしに自分を新しい自分に作り替えていくプロセスに入っていく。この時期の子どもは，半ば強引に訪れる自分に対する変化を受け止めながら，新しい自分を作っていかねばならない。思春期にどのように取りくんでいくのかは，共通の課題でありながらきわめて個別的な歩みでもある。というのも，自分の変化をどう受け止めるかは，自分をもともとどのくらい受容していたか，どのくらい他者の助けを得られるかによって変わってくるからである。またその時期にどのような体験をするのかということにも大きく影響される。しかしながら，いずれにしても，思春期という身体的・心理的な急激な変化を入り口として，心理・社会的に，自分を作り替え未来へつなげていく「青年期」が始まるのである。

（2）疾風怒濤としての思春期・青年期

　思春期・青年期は，「疾風怒濤（Sturm und Drang）」の時代だと言われる。強く速い風が吹き荒れ，大波がうねり逆巻く時代である。この言葉は，第一章でも述べた歴史的時代としての青年期の幕開けを告げる，ゲーテやシラーをはじめとするドイツロマン派文学のエトス（心理的背

景として通底している本質) であるが, そのまま青年期の心性にあてはまる。やはり第一章で引用したルソーの『エミール』においても, 思春期・青年期の訪れは, 暴風雨に喩えられていた。思春期・青年期の疾風怒濤とは, 激しい心の揺れと情熱を意味すると同時に, 時代が激しく変化していくことをも意味する。すなわち, ものの考え方や価値観, そして社会そのものが大きく変化していくことも含んでいるのである。

　青年は, 旧態然とした「大人社会」のあり方に嫌悪を感じ否定的になる。大人に対してイライラしたり, 腹を立てたり, 反抗したりすることが多くなる。これは, 大人から心理的に独立して, 新しい自分を確立しようとする動きであり, いわゆる第二反抗期と称されるものである。自分の中の感情をうまく言語化することができないゆえに, 黙りこくったり, ときには拳を振り上げることでしか表現できないこともある。大人の支配する社会から逃げ出したいと思うこともある。いつの時代でも, 未成年の家出は, 中学生後半から高校生前半にかけてもっとも多くなる。

　尾崎豊の『15の夜』は, そうした思春期の心のあり方を瑞々しく表現している。

落書きの教科書と外ばかり見てる俺
超高層ビルの上の空　届かない夢を見てる
やりばのない気持の扉破りたい
校舎の裏　煙草をふかして見つかれば逃げ場もない
しゃがんでかたまり　背を向けながら心のひとつも解りあえない大人達をにらむ
そして仲間達は今夜家出の計画をたてる
とにかくもう　学校や家には帰りたくない

自分の存在が何なのかさえ　解らず震えている　15の夜
盗んだバイクで走り出す　行き先も解らぬまま暗い夜の帳りの中へ
誰にも縛られたくないと逃げ込んだこの夜に
自由になれた気がした15の夜
（後略）

　しかし反抗や拒否ばかりではない。周囲を否定していく一方で，これぞと思うものには没頭したり，特定の人物を理想として憧れたりする。たとえば，趣味やスポーツ，音楽，読書やマンガなどに没頭したり，特定のタレントやアイドルの熱烈なファンとなったりする。これぞと思う特定の人物に憧れ，その考えや仕種を取り入れたり，服装を真似したりするが，その人物は，マスメディアを通して知る有名人である場合もあれば，誰か身近な人である場合もある。あるいは一見，他者や世界との接触を拒否して，自分の世界やネットの世界に閉じこもっているように見えても，実はそこでモデルとなる存在と出会い，新たな自分を探し求めていることもある。

3．青年期の旅路

　この章では，前思春期において身体的な変化よりも先に心の変化が生じる様子をみた。そして，思春期に入り身体的な変化が始まると，情緒面での不安定さや異性に対する意識が生まれてくることを述べた。そしてそれが，子どもの世界から脱して，新たな自分を探求していく，疾風怒濤の青年期の始まりであることを述べた。前思春期からわずか数年のあいだに，子どもたちには，こうした劇的な変化が生じるのである。この変化のスピードは，大人が生きている時間感覚からすると，とてつもなく速い。周囲の大人は戸惑い，そのスピードに追いついて子どもに対

JASRAC 出　1813132-303

する見方や関わり方を変えていくことは，なかなか困難な仕事である。そうしてしばしば，頭ごなしに否定したり子ども扱いをしたりするしかなく，ますます大人は子ども（青年）たちにとって，因習的で反抗すべき存在に見えてしまうことになる。大人と青年のギャップは必然的に存在し，それが「最近の青年は……」という普遍的なぼやきにつながる。

　つい先日まで子どもだったわが子が，急に難しい年頃になって，何を考えているのか，何を望んでいるのか分からなくなって戸惑っているのは，大人たちばかりではない。当の子ども自身も，それ以上に戸惑っているのである。そこから，青年期の長い探求の旅が始まる。自分自身への戸惑いを通り抜け，自身の生き方にひとつの答えを出していく過程は，そう簡単なものではない。本章で述べてきた青年期の様子は，その入り口にすぎない。いわゆる自我同一性（アイデンティティ）を確立するまでには，まだまだ長い時間と探求が必要である。その過程は決して平坦なものではなく，挫折や失敗，後悔も多い。とりわけ現代のような複雑かつ流動的な時代には，自分自身で納得のいく答えを出すことは難しい。

　自分自身を探しての長い旅路の後，ようやくひとつの答えが見えそうな感じがしてきたとき，すなわち，青年期を出でて「大人」になっていくとき，自分は「大人」の側として，自分より下の世代の「青年」たちからは見なされるようになっていることに気がつくであろう。そしてそのときには，青年期はすでに遠く，もう立ち戻ることのできない時期となっている。大人になっていくということは，必然的にこうした悲しみを含むものなのである。

　最後に，尾崎豊の『十七歳の地図』を一部引用しておきたい。

人波の中をかきわけ　壁づたいに歩けば
しがらみのこの街だから　強く生きなきゃと思うんだ
ちっぽけな俺の心に　空っ風が吹いてくる
歩道橋の上　振り返り　焼けつくような夕日が
今　心の地図の上で
起こる全ての出来事を照らすよ
Seventeen's map

図2-2　尾崎豊のモニュメント（渋谷クロスタワー　歩道）

　『15の夜』が思春期の歌だとしたら，『十七歳の地図』は青年期の歌である。前が見えず，やみくもに走り出すしかなかったところから，自分を見つめ俯瞰する視点と，そこを生きていく決意が伝わってくる。尾崎豊が高校生の頃に夕日を眺めていたという歩道橋には，『十七歳の地図』の歌碑が刻まれ，今でも多くのファンが訪れ，彼への感謝のメッセージを残していく。

JASRAC 出　1813132-303

引用・参考文献

天谷祐子（著）2011『私はなぜ私なのか―自我体験の発達心理学』ナカニシヤ出版
Bühler, Ch.（1921）*Das Seelenleben des Jugendlichen*. Fischer Verlag.
　邦訳：原田茂訳　1969『青年の精神生活』協同出版
高石恭子（著）2004「子どもが＜私＞と出会うとき」渡辺恒夫，高石恭子（編）
　『＜私＞という謎―自我体験の心理学』新曜社
吉田脩二（著）1991『思春期・こころの病―その病理を読み解く』高文研

3 | ともだち関係と思春期

《目標&ポイント》
・思春期・青年期における友人関係，仲間，グループとの関係について理解する。
・前思春期におけるチャムとの関係の意義を理解する。
・思春期・青年期の時期の進展に応じて友人関係が変化することを理解する。
・友人関係が十分に築けない場合に生じてくる心理的困難さについて理解する。

《キーワード》 ともだち，チャム（チャムシップ），グループ，仲間，異性と同性，セクシュアリティ（性愛），ジェンダー，孤独

1．大人との関係からともだち関係へ―前思春期

（1）子ども期からの出立

子どもにとって，親は不可欠の存在である。とりわけ子どもが幼い頃は，身の回りの世話や心理的な世話をしてもらい，外界から保護してくれる欠くべかざる存在である。

子どもを護って育んでくれるのは，親ばかりではない。学校などの集団生活の場では，自分を護り導いてくれる先生やリーダーなど，自分より上の世代の大人たちも，子どもの心の拠り所である。こうして自分の存在の基盤を，親をはじめとする大人に依存していた子どもたちであるが，思春期に入る頃には，そこから離脱して新たな存在基盤を模索し始

める。

　新たな自分自身の存在基盤は，自分が憧れるスターであったり，物語の世界であったりすることもある。しかし中でもとりわけ重要なのが，ともだちの存在である。

　小学校の3年生から4年生ぐらいになると，学級での先生と子どもたちとの関係の様子は大きく変わる。それまでは，休み時間になると先生のところに集まって我先に話をしようとしていた子どもたちも，ともだちどうしで集まって話をすることが多くなる。先生が率先しなければバラバラだった休み時間の過ごし方も，子どもたちどうしで集まって，自分たちで遊びを考えて集団で活動したりする。低学年の頃は，先生が絶対的で言いつけは必ずきかないといけないと思っていたが，先生を客観的にみたり，ともだちとの約束や関係のほうを優先したり大切に思ったりするようになる。そして前章で述べたように，家庭では子どもは親に対して微妙に距離をとり始める。しかしそのときこそ，子どもにとってともだちとの関係は，より親密で距離の近いものになっていくのである。

　思春期・青年期には，大人との関係よりも，ともだちとの関係のほうが心理的にも社会的にも重要な意味をもち始め，その中で成長していく。ともだち関係が重要であることは，思春期・青年期のそれぞれの段階に共通しているが，その様相は長じるに従って異なってくる。そのことを，前思春期，思春期，青年期の各時期に分けてみてみよう。

（2）前思春期とチャム

　大人の体になる前に子どもの心から大人の心になる前思春期について前章で述べた。この時期に，子どもたちは独特のともだち関係を作り上げることが知られている。女の子では，どこに行くにも一緒の仲の良い

特定のともだちをもつことが多い。トイレに行くにも一緒に手をつないで行ったり，同じキャラクターの文具をふたりでもったり，お気に入りの消しゴムやシールを交換しあったりする。あるいは，ふたりだけの秘密を共有しあい，放課後もいつも一緒に遊ぶ。相手が自分を差し置いて他の子と約束したり仲良くなったりすると，ひどく嫉妬し寂しく思う。喧嘩をすると，自分の根幹が揺らいでしまうようで耐えがたく不安になる。だからそうならないように，自分たちは仲良しであり親友であるというメッセージを，日頃から交換しあったりする。

　男の子の場合であれば，やはり休み時間や放課後にはいつも一緒に遊んだり，わざと大人がいやがるような言葉を言い合って喜んだり，共通の興味のあるコレクションを見せあったり交換したりする。また自分たちが好きなアニメや物語の，裏話や秘密を共有しあったりする。この時期の女の子と男の子のあり方は多少異なるにしても，いずれにしても同性どうしの特定のともだち関係は，とても親密で他の人が入り込む隙もないようにさえ感じられることもある。

　このように前思春期にみられる，排他的で親密な二者関係の同性の特定の友人は，チャム（chum），そして，チャムとの関係のあり方がチャムシップ（chumship）と呼ばれる。チャムとの関係は，アメリカの精神科医サリヴァン（H. S. Sullivan）が着目し，子どもから大人への健全な精神発達のうえで重要であるということを提唱した（Sullivan, 1953）。第2章でみたように，前思春期あるいは思春期に入り始める頃，子どもは自分のあり方が根底から大きく揺らぎ，情緒的にも不安定になる。今まで自明であったものが自明でなくなり，自分自身を対象化して捉える意識が突出する「自我体験」がある。そのときに子どもにとって，親ではなく友人という横のつながりが重要になってくる。

　思春期・青年期には，やがては異性を愛する気持ちが芽生え異性とつ

ながっていくのであるが，その前段階に，同性の友人との親密な関係があるのである。サリヴァンは，チャムとの関係を通じて，子どもたちは，他者に対するほんとうの意味での感受性，すなわち，自分中心ではなく相手がほんとうに喜ぶことは何かといったことを考えだすと述べている。そうした他者への無償の気遣いが，すなわち「愛」を育てていくというのである。やがて子どもたちは異性に対する愛を育てる時期に入っていくのであるが，心的にも遠い異性といきなり親密になるのではなく，まずは同性と親密になることで，他者への尊重や慈しみの気持ちを育てていくのである。同時に，自分自身もかけがえのないものとして大切にされることで，自己確信や自信を育てていくのである。

　またチャムとの関係の中で，男の子は男の子らしく，女の子は女の子らしくなっていくということが見られる。お互いが相手を模倣しあう中で，服装や立ち居振る舞い，興味をもつものや考え方や感じ方などを，学びあっていくのである。実際にこの時期，男子と女子は，それぞれがお互いのジェンダー的な区別を，極端に強調する。女子は女子で固まり，男子の野蛮さや幼さに苦言を言い合う。男子はことさら女子を意識して，いじわるをしたり，女子といっしょにいる男子をからかったりする。こうした過程を経つつ，それぞれに自分のジェンダーアイデンティティを作り上げていくのである。

　チャムとの排他的で親密な関係は，前思春期に入って心が大きく変化し戸惑い，揺れ動いている自分という感覚を，鏡写しのような他者を介することで回復し保証することでもあるともいえる。自分の興味や感覚を他者に託し，他者から承認してもらい，そして自分がその他者を承認することが自分自身を承認することになるのである。こうして互いが認めあう関係の中で，自己の感覚を確固たるものにしていくのである。実際サリヴァンは，自分というものがとりわけ揺れ希薄となる統合失調症

の治療において，チャムシップの重要性に着目し，彼が運営を任されたシェパード・アンド・イノック・プラット病院で，男性患者を男性の看護師が親密に世話をして，親密な人間関係を築くことを何よりも重視し，寛解率8割という驚くべき治癒効果を挙げたという。

2．チャムから仲間の関係へ——思春期と青年期

(1) 思春期初期の仲間関係

　前思春期からみられるチャムとの関係は，特定の同性友人との二者関係であった。しかし，こうした二者のペアどうしが集まって仲良しの集団を形成することもある。さらに，もう少し長じてくると，特定の相手だけではなく，グループや仲間ということが重要な意味をもつようになる。

　比較的少数の仲間で，いっしょにどこかに行ったり遊んだりする。グループの仲間には，それぞれ愛称やあだ名がつき，それによりお互いを呼び合うことが，結びつきやグループの結束を意味するものともなる。チャムとの関係は「二人は同じ」という意識を基盤としていたが，グループとしてのともだちでは，共通性ばかりでなく差異や多様性ということも意味をもつようになる。「気が合う」ということは大切であるが，異なる意見や異なる見方をお互いに重ね合わせることで，より自分が豊かになっていくように感じるのである。これは，チャムシップの時代にはみられなかったものである。

　映画『スタンド・バイ・ミー』は，そうしたともだち関係を見事に描いた名作である。それぞれに複雑な家庭環境をもつ12歳の4人の少年たちが，親密に結びついて交流することで親からの負の影響を脱し，自分自身の道を歩んでいこうと模索する。彼らは，木の上に秘密基地をもち，いっしょにタバコをすったり，兄たちが属する不良グループと張り

合ったりする。ある日彼らは，死体探しの「冒険」に出かけるのだが，そこには思春期特有の境界的な世界への憧れもみられる。「冒険」の過程で，喧嘩をしたり助け合ったりしながら，二度と戻ることはない時間を過ごす中で，ちょっとだけ心理的に成長していく。アニメの『ドラえもん』も，思春期初期のともだち関係がテーマである（とりわけ映画に

(写真：Album／アフロ)

(©藤子プロ／小学館／テレビ朝日／シンエイ／ADK)

図3−1　映画『スタンド・バイ・ミー』（上）と『ドラえもん』（下）
　　　いずれも，大人が知らない世界の中での仲間関係であり，時には喧嘩し時には協力しあいながら成長していく。

おいては)。のび太をはじめ，ひとりひとり個性の異なる子どもたちが，ケンカをしながら助け合いながら冒険をして，ちょっとだけ成長していく。そしてその冒険は，大人たちの知らない世界で展開するものであるという点も重要である（図3-1）。

(2) 青年期初期の仲間関係

　もう少し年齢が長じ，青年期に入ってくると，ともだちやグループの関係のあり方は，さらに異なった様相をみせはじめる。思春期のはじめの頃に形成されるグループは，親密な関係を築く同性のともだちと，一緒の時間を過ごすということが何よりの楽しみであり，重要な意味をもっている。そのグループは，自然発生的にできるグループであり，特に目的をもって形成されるものではない。

　しかしやがて，何かの目的や活動のために形成されるグループが重要な意味をもつようになる。たとえば，音楽活動や踊りのグループであったり，何かの同好会であったりといったものである。自発的な自然発生グループには特にルールはないが，音楽活動のグループや同好会には，暗黙のルールがあったり，あるいはその活動の特性から必然的に生じるルールがあったりする。たとえば，音楽活動のグループであれば，それぞれが練習して上達すべしというのは暗黙のルールである。こうした青年期初期のグループは，メンバーで共通のシンボルを共有することも多い。たとえば，音楽活動や踊りのグループでは，皆が同じコンセプトのスタイルをしたり衣装を揃えたりする。

　青年期に形成されるグループは，前思春期や思春期初期のグループとは異なって，個人が単に集まった集団ではなく，何らかの（グループの）規範にその成員が従い形成されるという一個の「社会」としての様相を帯びている。グループの活動に関しても，そのときそのときの思い

つきでなされるのではなく，計画性があり，意思決定のあり方もいろいろと工夫されたりする。そしてグループの規範に従わない成員に対しては，厳しいサンクション（制裁）が課せられることもある。

　思春期・青年期のグループは，大人の世界から自分たちを差異化し，自分たちの世界を作ろうとするところに特徴がある。思春期の初期は，秘密基地を作ったり，「冒険」と称する散策をおこなったりするということが，大人の世界からの差異化であった。やがては，グループで新しいことを探し求めたり，自分たち独自の何かを作り上げたりすることに，喜びを感じるようになっていく。それは自分たちが，独創的で革新的だと評価しているグループの活動の模倣や再現である場合もあれば，自分たちのオリジナルの新奇性や独創性を重視する場合もある。大人との差異化ということが，しばしば，反社会的な性質を帯びることもある。かつて日本中でみられていた暴走族はその例である。行き過ぎた場合は，非行や逸脱行動をおこなうグループとなることもあるのである。これに関しては，第7章で論じる。

（3）異性との関係を通しての成長

　思春期において仲間・グループが大切な意味をもつようになってくるのと同時期に，異性との関係も重要なテーマになってくる。異性への意識の芽生えと情念は，生物学的に生殖が可能になることに関わっているが，人間の場合は生殖にかかわるような直接的で生物学的な関係だけではなく，心理的な結びつきや関係性も重要な意味をもつ。

　第二次性徴が現れる頃，セクシュアリティ（性愛）のテーマに直面することとなる。自分をどのような性的存在として自認し，どのような関係のあり方を結ぶかというテーマである。異性に対して「触れたい抱きしめたい」という気持ちが生じてきたり，性行為への興味と欲求が出て

きたりするのは自然な成長である。しかし，個人の性的衝動をすぐに行動に移してしまうことは逸脱行動となりうるように，それをどのように表していくかは，社会規範的に制約されている。そうした禁止された性衝動をもつことに対する自分自身の戸惑いもあり，また性に関するテーマは日常の人間関係において隠蔽されたり羞恥を伴って扱われたりしているがゆえに，多くの青少年の場合は，異性に対する衝動は内面的に制御・抑圧される。しかしながら，そうした抑制や屈折があってこそ，異性に対する思慕の情や相手のことを心に保ちつづけるといった，細やかなニュアンスのある心情を育むことができるのである。

　異性への興味は，異性一般に対する漠然とした興味が基底にはあるにしても，特定の異性に対する強い恋愛感情に集約されることが多い。こうした特定の大切な異性に対する思慕の情は，もっと幼少期の養育者との愛着関係を活性化させるため，愛着関係が不全であったときは，意中の異性に自分が接近すれば拒否されるのではないかという恐れを抱いたり，あるいは自分のそうした強い愛着感情は取るに足りないものであると，自分に言い聞かせたりすることもある。

　このように，もともとは生物学的な変化により生じてくる異性への興味であっても，心理的には様々な陰影を伴い，自分の過去の経験や自己概念，あるいは社会・文化的な影響を受けながら，複雑な展開をみせる。そこにこそ，思春期・青年期における成長の駆動力がある。異性に思いを寄せてその人のことを夢想するというのは，他者に対する想像力を育むことになるであろう。恋愛に悩み苦しむことから生まれた文学作品や芸術作品に興味をもち，それらに接することで，文化的な営みに関する感性や共感性が開かれていくであろう。異性に対する気持ちや恋愛について，同性の友人と真剣に話し合うことは，お互いの考え方や他者理解の方法などについて，大きな示唆と影響を与え合うことであろう。

前思春期のチャムとの関係では，親密な他者は同性であり，異性との親密性をもつことに比べると，そこで人間関係を築くことは，まだ容易であった。そしてそのチャムシップの中で，他者に対する配慮や想像力が育てられていくということは，すでに述べた。青年期になると，異性の相手という「二重の他者」に対して配慮し内面を推測することに取り組んでいくことになる。

　失恋ということが普遍的な現象であるように，異性と安定した関係を結んでいくことは，なかなか困難なテーマである。青年期を終えて大人になっても困難であり，一生取り組み続けることであるかもしれない。こうした一生続くテーマの出発点はまさに青年期にあり，そのときの経験は後にも大きな影響を与えることになる。青年期の課題にどのようなことを考え，真剣に悩み取り組んだのかは，その後の人生に心の豊かさをもたらすものである。しかしそのときの傷つきや苦しみを十分にのりこえられない場合は，後に自分が重要な異性の他者との関係を築こうとするときに再燃して，それをのりこえるための取り組みにもう一度直面しなければならなくなることも多い。

3. 青年期の孤独とアイデンティティ

(1) 第二次性徴の時期と心的変化

　思春期・青年期は，誰もが通過するきわめて普遍的なものであるが，それは個人個人にとって一様ではなく，その体験はさまざまである。まず，どの年齢で思春期を迎えるかということには，個人差がある。他の子よりずっと早く，前思春期的な心性を体験し，身体的に第二次性徴が訪れ，他の子がまだまだ子どもでいるときに，大人らしくなっていく子どももいる。あるいは逆に，他の子がすっかり子どもの姿から脱して思春期に入っていたときに，まだ幼い子どものままでいる場合もある。

あまりにも早熟である場合，自己価値観が低下し，抑うつ的になりやすいことが知られている（Ge, *et al.*, 1996）。自分に訪れた変化をともだちと共有することがでず，自分ひとりで抱えたままになるからである。また，自身の身体に関する羞恥心が早く発達するので，他の同じ年齢層の子どもと同じような扱いを受けた場合，ひどく恥ずかしく惨めな思いをする。あるいは，自分の社会的な位置づけよりずっと早く，性的なまなざしを向けられたりすることも背景にある。こうして，自分がそのような身体をもつことに対する違和感が強く，自分自身を受け入れることが難しくなったり，自分が自分であることに対する引け目を感じたりするのである。

逆に，身体的な成熟が遅い場合にも，難しい問題が生じやすい。この場合も，友人たちの話題に心情的についていけなかったり，幼いために他の子からのからかいのターゲットになったりする。友人たちが，自分たちの内的で性的な興味をおおっぴらに認めがたいゆえに，そうした身体的に「未熟」な友人をターゲットとして，性的なテーマを肩代わりさせてからかうといういじめは，よくあるパターンである。成熟が遅い場合には，友人より小柄であることも作用して，自己価値観に負の影響を与えることも多い。

身体的な成熟の差異が出てくる以前，前思春期の心理的な変化が生じる時期の差が，その後の心のあり方に影響を与えることもある。他の子どもたちが，チャムとの関係に入っているときに，まだまだそうした親密な友人関係の感覚に目覚めることがないために，他の子どもたちからは下手にみられ軽蔑されることがある。成長発達には個人差があって当然だが，前思春期において子どもたちは，鏡映しの他者との関係を通して，背伸びをして大人になっていこうとする。それがゆえに，年齢の割に幼い子どもたちを，必要以上に蔑んだり小馬鹿にしたりするなどの残

酷な面もある。

　チャム的な関係は排他的である。排除する誰かを作ることで，自分たちの結びつきをより親密なものにしようとする性質がある。これは一歩間違えば「いじめ」の構造であり，チャム的な関係を作れなかった子どもが，そのターゲットになることが多い。小学校の3年生や4年生あたりから，関係から排除される形でのいじめが出てくることは，このことに関係している。そしていざ，その子がチャム的な関係を求めだしたときには，他の子どもたちはすでにグループの関係に移っているため，チャムシップを築く相手を見つけることができなかったりする。あるいは無理にグループの仲間に入ったとしても，チャム的な関係を体験していないため，他者への配慮などが幼く，身勝手だと思われてしまい，グループからはどことなく浮いたりすることもある。

（2）同性グループへの入りづらさ

　思春期に入った後，同性のグループ関係にうまく入ることができない場合，学校に行ったり外に出て人と交わったりするのが億劫になることも多い。

　グループに入れない要因は多くある。先述したような発達的な差異はその原因のひとつである。心的発達が幼い場合には，グループに溶け込みにくかったり疎んじられたりする。早熟な場合にも，他の子に調子を合わせることが苦痛で，やはり溶け込みにくいことがある。あるいは，パーソナリティの個人差の要因もある。たとえば，女子の場合では，同年代女子の濃密で逃げ場のない友人関係に息苦しさを感じる場合もあれば，男子の場合は，同年代の男子が野蛮で素行が悪いことに耐えがたいと感じることもある。

　また，女子が女性のジェンダーを，男子が男性のジェンダーをそれぞ

れ取り入れて自己形成していくことに，どうしても馴染めない感覚をもつ者も案外多い。自身のジェンダー感覚として，あるいは性的指向性として，他の友人たちがあたりまえのように取り入れている振る舞いや考え方，服装，関係の持ち方などに違和感をもち，むしろ自分の生物学的な性とは反対の性にぴったりとする感じをもつのである。あるいは，自分のジェンダーとしてのアイデンティティは取り入れるにしても，異性には興味がわかず，同性に性的な思慕の情を抱く場合も，決して少なくはない。あるいはそうしたジェンダー感覚や性的指向性に関連しているわけではなくとも，同性の友人と親密な関係が築けず同性の集団に同一化できない場合，自分のジェンダーアイデンティティを対極の性のほうに帰属させるという，アイデンティティ形成の問題から自己の性への違和感が生じることもある。

　このような場合にも，同年齢の同性のあり方を取り入れつつ自己形成することが難しいため，アイデンティティ感覚が希薄となったり，自分が他の友人たちと異なることで孤独を感じたり，自分は異常なのではないかと思ったりして，自己価値観が低下することも多い。

(3) 現実のセクシュアリティからの退却

　青年期になって異性との関わりが重要となってくる時期に，実際の異性との関わりから退却する例も少なからずある。異性との関わりをもつことは，それなりに心的な負荷も高く，傷つくことも多い。また，自分の幼少期の愛着関係のパターンが再燃し，他者が自分を大切にしてくれるとは信じられず，異性との接触を恐れたり拒否したりすることもある。そうした場合，その代替としてメディア等が提供する異性の表象に没頭することも，実際に多くみられる現象である。

　あるいはそもそも，生身の人間よりも，メディアが提供する性愛（セ

クシュアリティ）のほうが，居心地よく感じる者も少なくない。というのも，コミックスや小説なども含むメディアのうえで展開される性愛のテーマは，現実の異性愛よりも，もっと自由で多様性に富んだ面もあるからである。たとえば，自分と同性の同性愛的テーマ，異性の同性愛的テーマなど，そこにはさまざまな形での性愛が表現されている。それらに興味を惹かれ没頭することは，現実では重すぎる性愛に脅かされない安全な距離感の中で，セクシュアリティへの自分なりの関わり方を工夫しているものであるとは言える。実際に，そうした安全な距離感の中で，他者や異性に対する配慮や愛情を育て，心的に成長していく例もあれば，そのようなテーマを同好する友人たちとの関わりの中で成長していく例もある。

　しかしながら，メディアが提供するセクシュアリティの表象と，実際の人間関係や異性との関係には，ギャップがあることも多い。しばしばメディア上の表象，とりわけポルノにおける表象は，歪んだ異性イメージや，異性への独りよがりな関わりのイメージを植えつけてしまい，異性への愛情と配慮を損なってしまうという問題もある。

　現実の異性からは逃避しているのに，異性を理解しているつもりになってしまうのではなく，自分にとって未知の相手を尊重して理解しようと努めていくという，他者理解のもっとも重要な態度が，異性との関係においては必要である。そして，異性との関わりを通して，そうした態度が育まれているのである。

引用・参考文献

Ge, X., Conger, R. D., & Elder, G. H., Jr. (1996) Coming of age too early: Pubertal influences on girls' vulnerability to psychological distress. *Child Development*, 67, 3386-3400.

Sullivan, H. S. (1953/1997) *The Interpersonal Theory of Psychiatry*. Norton.

京都府総合教育教育センター・北部研修所（編著）2016『学校不適応の未然防止のために〜小学校3・4年生（前思春期）という時期とは〜』京都府教育委員会

4 | 発達障がいという概念

《目標&ポイント》
・思春期・青年期の心理・社会的な危機と「発達障がい」との関連を理解する。
・多様な発達障がいの種類や特徴，その定義について理解する。
・発達障がいが，心理学・心理療法でどのように扱われてきたのか，その歴史を辿る。
・発達障がいということが問題化される社会的・文化的な前提について理解する。

《キーワード》 発達障がい，広汎性発達障害（PDD），自閉症スペクトラム障害／自閉スペクトラム症（ASD），注意欠如・多動症（注意欠陥／多動性障害）（ADHD），学習障害（LD）

1. 発達障がいの概観

(1) 心理発達の障害としての発達障がい

　思春期・青年期は，心理的・身体的にも大きな変化が生じるばかりでなく，仲間関係や異性との関係，そして親との関係が変わってくる時期である。それまでの自分自身のまとまりが崩れるとともに，これまで築き上げてきた人間関係のパターンも崩れ，それらをもう一度組み直していかねばならないという危機を体験する。こうした中で，いわゆる「発達障がい（developmental disorder）」と呼ばれるあり方が，前景化することが多い。

「発達障がい」とは，とても広い概念であり，多様な使われ方をする。もっとも広義で日常的な定義では，知的機能の障害や運動機能の障害を含め，心身の発達上に何らかの障がいがある状態を指す。しかしながら，現在の日本で一般に流布している使われ方は，平成16年に制定された「発達障害者支援法」での定義がもとになっている。この定義は，後述するICD-10（国際疾病分類第10版）の「心理的発達の障害」による分類・定義を採用したものなので，「発達障がい」といっても「心理的発達の障がい」に限定されている。

　本章では，「発達障害支援法」が制定されることになったさまざまな背景，そしてこの法律がもたらしたさまざまな影響などに関連させながら，思春期・青年期における発達障がいに関して論じてみたい。

　なお本章では，診断名や政府文書の引用等では「発達障害」という表記を，平常の文脈では「発達障がい」という表記を用いることとする。

（2）発達障がいの区分と種類

　発達障害者支援法では，「『発達障害』とは，自閉症，アスペルガー症候群その他の広汎性発達障害，学習障害，注意欠陥多動性障害その他これに類する脳機能の障害であってその症状が通常低年齢において発現するものとして政令で定めるものをいう」とされている。

　すなわち，発達障害はa）広汎性発達障害，b）学習障害，c）注意欠陥多動性障害を主とする3領域からなり，それは「ア）脳機能の障害であって，イ）通常低年齢において発現する」特徴をもつとされている（図4-1）。

　発達障がいの定義や分類に関しては，国際的に用いられているものは，世界保健機関（WHO）が定めたICD（International Statistical Classification of Diseases and Related Health Problems：疾病及び関連

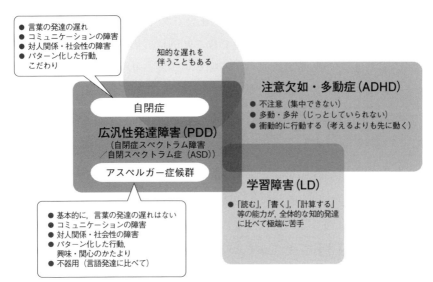

図4-1　発達障がいの重なりとその特徴（厚生労働省（2008）政策レポート「発達障害の理解のために」より一部改変）

保健問題の国際統計分類）のほか，米国精神医学会が作成するDSM（Diagnostic and Statistical Manual of Mental Disorders：精神障害の診断と統計マニュアル）があり，その定義するところは多少異なるが，ここでは「発達障害者支援法」の定義の根拠となっているICDの第10版（ICD-10）に従いながら詳しくみてみることで，まずは発達障がいの概念を整理したい。

a）広汎性発達障害（Pervasive Developmental Disorders：略称PDD）

広汎性とは，ICD-10では「特異的（specific）」と対置されている語である。特異的発達障害は，視覚や聴覚には異常はないのに，文字を読んだり字を書いたりといった特定の行為，言葉をしゃべったり聞き取ったりすることなど，特定の精神・運動機能に特化して障がいがみられる

ものである。これに対して，広汎性発達障害とは，特異的発達障害よりも曖昧で，発話機能や認知機能をはじめ，広範囲な精神・運動機能に障がいがみられるものである。結果として，コミュニケーションと社会性の困難さを特徴としている。

広汎性発達障害に含まれるのは，自閉症，アスペルガー症候群，レット障害，小児期崩壊性障害などをはじめ，その他特定不能の広汎性発達障害が分類されている。いずれも，社会的相互作用やコミュニケーションのほか，日常的・習慣的行動，興味や感心のあり方などに，生活上の困難さを抱えている。それぞれの障がいについて詳しく述べるのは本科目の範囲を超えるので，後の議論のために必要なものを簡潔に説明しておきたい。

広汎性発達障害の中で，もっとも典型的であり早期から目立つのは自閉症である。自閉症は，乳幼児期の発達の早期から，たとえば視線が合わない，情動調律的[*1)]なやりとりが少ないなど，社会的な相互作用に乏しいという特徴を示す。言語によるコミュニケーションにおいても，言葉自体がそもそも少ないが，決まりきった言葉を繰り返したり，状況にそぐわない発話などが主で，いわゆる言葉のやりとりに著しい障がいがある。さらに特定の物にこだわりをもったり，常動的な行動を繰り返したりなどの特徴がみられる。

アスペルガー障害は自閉症と異なり，3歳ぐらいまでは著しい言葉の遅れはなく，コミュニケーションの障害も目立たない。知能も平均的であり，環境に対してもふつうに興味を抱き，認知能力・精神運動機能も特に大きな問題がないようにみえる。しかしながら，他者の内面や意図を想像して自分の行動を制御し企図するようになる3歳あたりから，徐々にコミュニケーションや興味の特異性，他者の心情の理解の難しさが出てきて，対人関係に困難を感じやすい障がいである。また，他の人

---

*1）コミュニケーションの非言語的側面における，リズミカルで相互に調節しあうようなやりとり。相互的なコミュニケーションを成立させる基盤となる。

が特に関心をもったりこだわったりしないような事象に異様なまでの関心を示しがちである。

　ICD-10とDSMの診断・分類には存在しないが，慣例的に高機能自閉症という診断が用いられることもある。高機能自閉症は，自閉症に特徴的な症状を示しつつも，知能には遅れがない（IQが70以上）場合に用いられることがある診断である。アスペルガー障害との区別は難しいが，敢えてその違いを挙げるならば，アスペルガー障害には言語そのものの発達に遅れはなく，どちらかというと言語使用や対人関係における問題であるが，高機能自閉症の場合，コミュニケーション能力や言語発達に遅れがみられる。とはいえ，長じるに従って言語が発達してくると，アスペルガー障害と実質上は区別できなくなり，両者は同じものだとする説もある。

　このように，広汎性発達障害における下位分類は，コミュニケーションや社会性での障がいという共通した特徴をもっている。しかも「特定不能の広汎性発達障害」という分類もあることからもわかるように，明確に区別するのは実は困難である。また，ひとつの障がい分類の中でも，それがどのくらい重篤であるかによって状態像はかなり異なり，軽度の自閉症は重篤な自閉症よりも，むしろアスペルガー障害に類似している。このように，広汎性発達障害の下位分類カテゴリーは，別個のものというより連続体として考えるほうが理に適っているということから，2013年に発刊されたDSM-5では，「自閉症スペクトラム障害／自閉スペクトラム症（Autistic Spectrum Disorder：略称 ASD）」という呼び方のもとに統合されることとなった。

b）学習障害（Learning Disability：略称 LD）

　学習障害は，知的発達には遅れはないが，特定の学習の基礎能力に著しい困難を示すものである。たとえば，聞いて理解すること，話すこ

と，文章を読むこと，文字を書くこと，計算すること，推論することなどのうち，特定のものあるいは複数のものが，単なる苦手というレベルをこえて，著しく不得手であるものである。学習に関する能力の問題であるので，学習が本格的にはじまる就学後に顕在化して気付かれることが多い。幼稚園までは，何となく不器用だとか，言葉を覚えるのがやや遅いというくらいで，あまり目立たないが，学校教育に参加するようになると，他の子がすらすらとできることがとても困難で苦労したり，どんなに努力してもできるようにならなかったり，知能は通常なのに学校の特定の教科についていけなかったりすることから発見されるのである。

c）注意欠如・多動症（注意欠陥／多動性障害）（Attention-Deficit/Hyperactivity Disorder：略称 ADHD）

その名のとおり，注意と行動の抑制・制御に困難のある発達障害である。ICD-10では，多動性障害（Hyperkinetic Disorder）という名称である。

子どもは幼い頃は誰でも，行動が散発的で活発で不注意である。しかしADHDでは年齢あるいは知能の発達に不釣り合いな注意力の散漫さ，衝動性や多動性を特徴としている。情緒的な交流などは良好なことが多い。

注意力の散漫さというのは，忘れ物が多い，片づけられない，気が散りやすいなどの様相が症状として目立つが，逆に他の人が注目しないような細部や特殊な部分に注目をしたりすることも多い。多動性というのは，落ち着いてじっと座っていられずそわそわする，静かにすべき場所で声を張り上げたり走り回ったりするなどの行動特徴である。そうした特徴に加え，衝動性を伴い，思いついたことをすぐに行動や会話に移す，気にいらないことがあったら乱暴になってしまうなどの，心理面での統制のきかなさもある。

感情や行動の抑制やコントロール，順序立てをするワーキングメモリに問題があると考えられており，20人〜40人に一人という高い発生率である。DSM-IV までは ADHD は他の広汎性発達障害との併存診断は認められなかったが，DSM-5 以降は併存診断が認められるようになった。すなわち，自閉スペクトラム症であり，かつ，ADHD であるという診断が可能となった。

（3）発達障がいの条件
ア）脳機能障害であるということ

発達障がいの原因は，脳機能の障害であるということであるが，ここにはいくつかのニュアンスが含まれている。まず，脳に観察可能な器質的特徴があるというよりも，その働きの障がいであるということである。発達障がいにかかわるような高次の脳の機能の仕組みは大変複雑であり，疾患にかかわる部位を特定するのは困難である。しかしながら，近年の記憶や認知の仕組みに関するモデルの発展，および，f-MRI などの脳が活動しているときの状態を視覚化する手法の発展により，高次の精神機能を司る脳の働きが特定され始めている。

発達障がいは脳機能の障害であるのだが，不幸なことに，親の育て方の問題であるという誤解が長らくあった。たとえば，自閉スペクトラム症は，コミュニケーションや関係性の困難さが目立つことから，幼少期からの母親をはじめとする養育者の関わりや情緒的交流の不足であるといわれたり，ADHD の子が落ちつきがなく抑制がきかないのは，親のしつけ方の問題だといわれたりすることもあった。また長じてからは，他者との関わりが苦手なことや不注意なことは，本人の性格の問題だとされ，社会的な孤立を招くこともあった。

その後の研究では，自閉スペクトラム症と親の育て方とはまったく無

関係であるということが示された。発達障がいの概念の広まりとともに，そうした誤解や偏見は少しずつ解かれていっているが，まだまだ根強いところがある。たしかに，発達障がいの子どもに心理療法を施したり，養育者に対して子どもに対するコミュニケーションについてトレーニングをおこなったりしたならば，子どもの症状は改善することも多い。しかしだからといって，親のもともとの接し方に問題があったのだとはいえない。

　乳幼児と養育者の関係性に関する研究が示唆するように，本来であれば，子どもの側から親に対して積極的な情緒的関わりがあり，それによって親の側の情緒的関わりが引き出されるのであるが，自閉スペクトラム症の子どもの場合，子どもの側からの関わりに乏しく，情緒的相互作用が形成されにくいという面がある。また，心理療法でおこなっていることや，ペアレントトレーニングで習得する関わり方は，心理学の専門的知識にもとづく関わりであり，定型発達の子どもであれば，わざわざそうした専門的な関わりを意識しなくとも成長していくのである。

イ）通常低年齢において発現するものということ

　統合失調症をはじめとする精神疾患は，思春期以降に発現するものである。つまり，いったんできあがった精神機能に障害が生じてくるものである。これに対して，発達障がいの場合，その種類によって年齢に差異はあるにしても，思春期以前に発現するのが特徴である。すなわち，その名のとおり精神機能が発達していくうえでの障がいである。

　思春期以前に発現するといっても，軽度の場合は，幼少期のうちには気付かれないことも多い。「そういえば，いつも一人で遊んでいた」とか「こだわりが強かった」など，思春期が近くなって発達障がいの状態が明確に出てきたときに，遡及的に思い出されることもある。

2. 発達障がいの概念を捉え直す

(1) 発達障がいの歴史

　発達障がいの中でも自閉症は，アメリカの児童精神科医のカナー（Kanner, 1943）が報告して以来，ひとつの診断単位としてよく知られていた。だが，知的障害を伴わず，言語発達の遅れやコミュニケーションの障がいもさほど重くないケースが発達障がいという概念で理解され始めたのは，比較的最近で西暦2000年頃からである。

　それまでは，すでに述べたとおり性格の問題として考えられていたほか，さまざまな診断名がつけられていた。たとえば，現在ではADHDと診断される落ち着きのない不注意な子どもたちは，きっと脳に何か微細な損傷があるのだろうと推測され，MBD（Minimal Brain Dysfunction，微細脳障害）と呼ばれていた。他にも，アスペルガー障害の子どもは，その発見者のハンス・アスペルガーもそう名付けていたように，自閉的精神病質という名称で呼ばれていたりした。あるいは，対人関係の不安定さや未熟さ，衝動のコントロールの難しさがあることから，境界性人格障害の子ども版としてみなされ，境界例児童（もしくは境界児童）という名称で呼ばれることもあった。すなわち，発達上の問題ではなく，精神疾患のモデルで理解され語られていたのである。

　こうした理解の仕方は，子どもばかりでなく青年や大人にも当てはめられていた。たとえば，思春期以降の不登校やひきこもりの子どもたちも，今からみれば発達障がいが主たる原因であると考えられる場合も多いが，以前は心理的な問題として考えられ，その観点からのカウンセリングや治療がおこなわれていた。また，境界性人格障害と診断された大人たちにも，実は発達障がいである例が少なからず存在していた。特に，発達障がいがもともとの要因で，それがゆえに対人的・社会的接触

において傷つきを繰り返し体験してきた場合，発達障がい的な特徴よりも心理的な二次障がいの特徴のほうが目立ってしまうこともあるため，適切な対応や介入が遅れてしまうこともあった。現在は，発達障がいという概念，そしてこの概念をもとにした理解や関わりが行き渡ってきているので，以前に比べるとそうしたことは減ってはきている。

　文部科学省が2012年におこなった調査の報告書『通常の学級に在籍する発達障害の可能性のある特別な教育的支援を必要とする児童生徒に関する調査結果について』では，小学校の担任教員の回答をもとにすると，通常学級に在籍する子どもたちの6.5％が，「学習面又は行動面で著しい困難を示す」という結果が出ており，1クラスに2人程度は発達障がいの可能性がある子どもがいるということになる。この結果は担任の回答によるものであり，診断を受けた子どもの数ではないので，発達障がいの概念が過剰に適用されたかもしれず，あるいは逆に，ほんとうは発達障がいの傾向があるのに見落とされている児童生徒がいるのかもしれない。正確なところはわからないが，北米や日本での近年，「発達障がいとされる子どもが増加している」というのは，一致した傾向である。

　その原因に関しては，環境ホルモンの影響や晩婚化の影響など諸説あるが，発達障がいの概念の過剰な適用が一面にあることも見逃せないだろう。いつの時代にも流行の診断はあり，それによって疾患や障がいの見方が左右される。さきほどの「境界例児童」という診断も，当時，大人に対する境界例という診断が流行していたころの影響である。

　発達障がいという概念が広がることで，子どもに対しても青年期の問題に対しても，そして大人が抱える問題に対しても，周囲の理解が，そして何より理由もわからず苦しんでいた当人たちの自己理解が進んで，救われた人が多いのは事実である。しかしながら，診断名でみてしまう

ことは，ステレオタイプ的な見方となり，当事者が実際はどうなのかを詳細に理解しようとすることの放棄につながることがしばしばある。

　たとえば，クラスの中に ADHD という診断がついている子どもがいたとしよう。その子が感情のコントロールがきかず他児に暴力をふるったとすると，それは「ADHD が原因だから」とか，「ほらやっぱり ADHD だから……」と考えがちである。これに対して，診断がついていない，ふだんはおとなしい子が同じような行動をしたとしたら，「何か理由があったのか」と考えるだろう。だが，ADHD の子どもであっても，本当はその行動の原因は，周囲も納得いく理由のあることだったかもしれないのである。すなわち，診断がつくことで，その子の動機や心の動きを理解することを塞いでしまうこともあるのである。これに加え，その状況をどう指導するかということになると，子どもに感情制御する方法を学習させるというように，ADHD 児への対処の問題にすり替えられてしまうのである。

　また，自閉スペクトラム症の診断は，まさに「スペクトラム（連続体）」という言葉が使われていることからもわかるように，診断が非常に難しい。年齢によっても現われ方が異なり，また診断時の環境要因や二次障害のあり方によっても，相当に異なってくる。これに加え，診断する者のバイアスがある。したがって，不適切な診断がついてしまったことで，却って適切な関わりから遠ざかってしまったり，診断する者の心ない未来予測の言葉に傷ついたりする例も多い。私たちは「発達障がい」という概念のもつそうした側面も意識して，この言葉を使うべきであろう。

（2）発達障がいを捉え治す

　ここまで発達障がいという概念を前提に述べてきたが，ここではそれ

を少し外側から眺め直してみよう。現在では発達障がいとして理解される事例でも以前は「境界例」として理解されていたように，いかなる診断も，時代時代の流行があることはすでに述べた。発達障がいという概念が現在これほど使用されることにも，時代の影響ということを考えてみる価値はあるであろう。

　たとえば「軽度発達障害」という概念は，日本独自のものである。軽度発達障害は精神障害や身体障害を伴わず，障がいの度合いが軽いということから使用されてきた。「軽度」だからといって当事者の苦労はさほどでもないかというと，決してそうではない。むしろ，当事者の困り事や不適応感，傷つきは大きいことが多い。というのも，軽度であるがゆえに幼少期には目立ちにくく，集団での生活が重要になってくる思春期以降で前景化するからである。その時点では手厚い支援が得にくく，障がいの程度が重くはないため，特別な配慮や支援が届きづらくなっている。さらには，障がいがはっきりと目立つわけではないので，本人の性格の問題やわがままとして捉えられ傷つくことも多い。発達障害者支援法により，こうした軽度の人々にも理解と支援が届く糸口となった。このことの意義は大きい。

　しかし「軽度発達障害」を障がいとして捉えざるをえなくしている日本の社会的・文化的背景があることにも，着目しておくべきだろう。思春期・青年期以降の対人的・社会的関係では「空気を読む」ことが強調され，集団の規律やルールを守ることが，社会化にとって大切だとされる。たとえば，「小学生を対象とした夏休みの集団キャンプの生活で，子どもたちはどんなことを学ぶと期待されるだろうか」と問われたときに，日本の社会・文化を基準として生きる大人や教師は，「集団で協力しあうことの大切さを学ぶ」「集団の中でルールに従い生活する」と答えるだろう。

しかしながら，筆者が見聞した範囲ではあるが，米国の夏休みの集団キャンプでは「自分はどんな特性や長所があるかを知る」「他の人と比べて自分は何が得意で，それをどのように伸ばしていけばよいかを知る」ということが目的である。日本の場合は，個を集団に同調させていくことに対して，米国では，集団とは個を際立たせ個を認識させるためにあるという発想の根本的な違いがあるのである。そうした社会的・文化的背景では，「軽度」であることは，障害として前景化するよりも，強い個性として位置づけられるようである。

日本社会は，大都市では電車が数分単位の正確さで運行され，宅配の荷物は数時間単位の細やかな時間帯で配達される。公共の場の器機が故障して使えなくなっていたり，社会的インフラが使えなくなっていたりすることなど，めったにない。このように機能的で正確な社会的環境のもとでは，人々は正確で確実であることを過度に求め，また，働く人々も正確さと確実さを求めて大きな努力をし，それができないことは，いきおい不適応ということになってしまう。また，そうした正確さや確実さをあたりまえのこととして他者に求めるということは，他者の事情への共感を乏しくし，些細なズレが許容できないという，いわゆる発達障がい的な特性を生み出しさえする。たとえば，健康度が高い人であっても，SNSに過度に依存するようになると，他者からの即時の応答を期待し，そうでないと怒りが出てくるということもあるだろう。

発達障がいは確かに脳機能障害であるが，それが問題化され「障がい」となりうるのは，対人的な場面や社会的な文脈の中である。社会的な文脈に置かれなかったとしたら，その「障がい」は何の問題にもならないであろう。

現代の私たちを取り巻くメディアの環境の中では，テレビやビデオ映像などは，私たちがどのような状態にあろうと，一方的にメッセージを

送ってくる。そこには，相互の応答がない。もし私たちが，相手におかまいなしに一方的に相手にメッセージを送ったとしたら，すぐにコミュニケーション障がいということにされてしまうだろう。コミュニケーション障がいとされる事例が多くなっている背景には，私たちがこうしたメッセージ伝達のあり方を，メディアから「学習」しているのだと考えることもできないだろうか。

　さらには，インターネットを介したSNSやチャットなどの双方向的なやりとりも，文脈を丹念に紡いでいくというより，断片的なメッセージの重ね合わせであり，そこには統合は必ずしも求められない。映像イメージに関しては，多くの詳細な映像が並列して提示されている。このような，断片化，一貫した文脈の希薄さが環境に多いことが，私たちの意味処理のあり方に一定の影響を与えることは十分に考えられる。

　発達障がいを，現代文化の特徴から過度に説明したり意味づけたりすることは控えねばならないが，こうした視点をもっておくことは無意味ではない。私たちの身近な体験を通して，そのあり方を自分たちのことと重ねて考えるときに，発達障がいというあり方に関する理解と共感性が生まれてくるだろう。

　では，発達障がいを抱える思春期・青年期の子どもや若者たちを，どのように支援していくのか，心理療法も含めた関わりについては，第11章にて論じたい。

引用・参考文献

American Psychiatric Association（2013）*Diagnostic and Statistical Manual of Mental Disorders, 5th Edition: DSM-5.*
　日本精神神経学会（監修）高橋三郎・大野裕（監訳）2014『DSM-5 精神疾患の分類と診断の手引』医学書院

Kanner L（1943）Autistic disturbances of affective contact. *The Nervous Child.* 2, 217-250.

World Health Organization（1992）*The ICD-10 classification of mental and behavioural disorders: clinical descriptions and diagnostic guidelines.*
　邦訳：融道男他（監訳）2005『ICD-10精神および行動の障害：臨床記述と診断ガイドライン』医学書院

文部科学省初等中等教育局特別支援教育課（編）2012『通常の学級に在籍する発達障害の可能性のある特別な教育的支援を必要とする児童生徒に関する調査結果について』

5 | 学校と思春期

《目標&ポイント》
・学校という場を成立させる社会集団の特異性，コミュニケーションの特異性を理解する。
・学校という場の特性が，子ども期や思春期・青年期の発見と関連していることを理解する。
・日本のスクールカウンセリングの特徴と，学校の中での位置づけと役割を理解する。
・カウンセリングと教育の関係について考察する。
《キーワード》 クラス，集団，I-R-E連鎖，スクールカウンセリング

1. 学校という場の特殊性

（1）固定的な社会的役割

　学校へまったく行かなかった，行けなかったという人は，現代の日本ではどのくらいいるであろうか。途中で学校に行かないという選択をしたにしろ，やはり学校の存在は意識せざるをえないであろう。それほど学校の存在は，私たちに大きな影響を与えている。しかしながら100年前であれば，あるいは世界の少なからざる地域や国をみれば，学校へ行きたくても行くことができない子どもたちが多く存在している。学校はいつの時代にもどんな場所にも存在しているものではなく，それ自体がひとつの装置として，作り出されたものである。

学校とは，考えてみれば奇妙な場所である。特定の年齢の子どもたちが集められ，「学年」や「学級」が形成される。それに関わる教師の集団も，日常社会の多様性に比べると，はるかに幅の狭い年齢層から構成されている。超高齢者や子どもと同じ年齢の教師などは存在しない。

　年齢層が一定であることに加え，学校では成員の役割関係が固定されている。たとえば学校の外の社会では，八百屋のおじさん，見守り隊のおじいさん，郵便局員，駅の係員さんなど，多くの職業や役割がある。そこでの子どもは，お客さんであったり，〇〇学校の児童であったり，ご近所の子どもであったりと，さまざまな役割や位置づけが関係ごとに生じる。しかしいったん学校の中に入れば，そこにあるのは，「教師」と「生徒」という固定された役割関係のみである。

　子どもたちは，こうした特殊な社会集団の中に置かれ一定期間生活していかねばならない。それがどのような体験なのかを考えてみると，学校のもつ意味が見えてくるであろう。

　まず，学校では固定された役割関係に限定されることで，それぞれの子どもたちの「性格」「パーソナリティ」というものが，通常の社会以上に強調されてしまう。社会的な役割が複数あり複雑な場合は，個々人の「個性」よりも，社会的にどんな位置づけにあり，どんな役割をとっているかという「社会的役割（social role）」のほうが，対人的な相互作用のあり方を規定する。しかし，役割が固定され，「生徒」であるという横並びの社会的役割しかもつことができない場合，自分の「性格」が関係のあり方を規定せざるをえなくなる。これはある意味でいつでも自分がさらけ出され，隠れ蓑がなくなるということである。それに対処するため，性格の鎧をつけ，自分自身を演じる（キャラをつくる）ことをしなければならないかもしれない。

　第2には，役割関係が同質であると，同質性から逸脱することが，こ

とのほか着目され目立ってしまうことになる。社会的役割が数多くある場合，役割自体の差異のほうが大きいので，同じ役割内での差異は，むしろずっと小さい。しかし学校という社会においては，同質性からのちょっとした逸脱，あるいは同質性の少なさなどが取り沙汰される。たとえば，転校生ということだけで皆の注目を集めたり，帰国子女ということが，本人がうんざりするほど強調されてしまったりする。

　このように，学校集団の中では，子どもたちは「生徒」であるという社会的役割に縛られ，生徒であるからこそ，ひとつのパーソナリティをもつ存在として，他者との関係の中に引きずり出されるのである。その中で，どのような自分であるのか，他の人と比べて自分はどんな人間であるのかということを，自分自身のこととして引き受けてしまわざるをえないような構造の中に投げ入れられているといえる。

　学校という場は，しばしば，子どもそれぞれの個別性ということを抹殺して，「生徒」として灰色で無機質な存在にしてしまうというイメージで考えられることも多い。しかしそれは，学校の内部ではなく，すでに外部に出てしまった人間からの空想にすぎない面が多分にある。子どもたちは，学校という縛りの中に埋没させられているようであったとしても，実は，同質性が強調されればされるほど，自分自身の個別性ということを認識せざるをえないのである。

（2）特殊なコミュニケーション

　学校という場所が，日常の生活世界と異なる特徴をもっている点は，他にもある。アメリカの社会学者のミーハン（Mehan, H.）は，教室の中での生徒と教師のコミュニケーションには，他にはみられない独特の「型」があることを見いだした（Mehan, 1979）。たとえば，次のような会話である。

教師：「今何時ですか？」
生徒：「10時半です」
教師：「正解です」

　授業の場面でふつうにみられる会話のやりとりである。ミーハンはここに独特のパターンがあることを見いだして，それをI-R-E連鎖と名付けた。教師が「今何時ですか？」と生徒に問うのは，「発問（Initiation）」と呼ばれる。それに対して生徒が「10時半です」と答えるのは，「応答（Reply）」と呼ばれる。そして教師は，「正解です」と「評価（Evaluation）」をおこなうのである。このように，教師の発問，生徒の応答，教師の評価という3つが一連のやりとりとして生じており，それぞれの段階の頭文字をとってI-R-E連鎖と呼ばれるのである。

　ここで注目すべきは，「評価（Evaluation）」の段階である。普通の日常的なコミュニケーションであれば，「今何時ですか」と問いかけられて，「10時半です」と答えたならば，問いかけた者からは「ありがとうございます」と感謝されるだろう。問いかけるということは，情報の提供を相手に求めているのであって，問いかける者は答えを知らないからこそ問いかけているからである。

　しかしながら教室のコミュニケーションでは，問いかける教師は，答えをすでに知っている。知っていながら生徒に問いかけ，生徒の答えに対して「正しい」とか「間違っている」と評価をおこなうのである。もし，同じことを私たちが駅の雑踏の中で出会った人におこなったとしたら，相手は激怒してしまうであろう。

　このように，教師は知っている存在で生徒は知らない存在であるとして両者の関係性を位置づけることが，学校の基本にある。この関係性は授業の場面ばかりでなく，学校の中での社会的役割の多くの場面につい

てまわる。教師は，生徒がどのように振る舞うべきか，身だしなみから礼儀まで，生活の隅々においてまで「知っている」ことが前提とされる。教師のほうが，大人としてばかりか，生き方から人格性に至るまで，より優れた存在であるかのように，あるいはあらねばならない存在として，暗黙のうちに前提されているのである。

　家庭であれば，親のほうが何でも知っているとか，親のほうがずっと優れているという思いは，子どもが幼いときにはありえるだろうが，次第に子どもは，必ずしもそうではないという事実を自然に知っていく。子どもが親に対して，反抗したり，脱価値化したりすることは，思春期・青年期での自然な成長である。しかし，学校において，生徒が教師を無価値化したり，あるいは何もわかっていない，何も知っていないと批難したりすることは，自然な成長というより学校文化に対する反抗であると位置づけられてしまうだろう。

　教師が実は何も知らない，何もわかっていないと生徒が気付いてしまうことは，学校教育の前提を揺るがす大きな危機となる。家庭においては，子どもは思春期に入ると，親に対して心理的な拒否を感じたり，距離をとったりすることはごく自然なことであるが，自分の親に対してとるような態度を教師に対してとることは問題視される。そうした意味では，子どもたちは，学校での関係においては，心理的成長に伴う世代間の関係とは異なった関係のとり方を要求されるのである。教師に対して生理的な嫌悪を感じているとしても，それをこえて，教師と生徒という関係においてもう一度捉え直し，関係のとり方を考えなければならないだろう。たとえ尊敬できないと感じる教師であったとしても，一定のリスペクトをしなければならないのである。

　こうした制約は，思春期・青年期にある子ども自身にとっては，きわめて窮屈なものである。しかし，このことが人間関係の柔軟性と他者へ

の配慮を産み出す可能性もあることを認めなければならないだろう。すなわち，自分がその人に対して心理的にどのような関係性にあるのかということや，自分がどんな思いをもっているかということとは異なって，社会的にしっかりと保持すべき人間関係があるということである。そうした人間関係が保持できるということが，社会性をもつということであり大人になるということでもある。

　私たちが思春期・青年期の頃を回顧したとき，多感なその時期に出会った学校教師に対する思いには，けっして肯定的なものばかりとはいえない複雑な心情が潜在している。しかしながら，そうした絶対的に与えられ受容しなければならなかった関係性が，人間に対する寛容で多様な見方を形成する素地となっていることも認めなければならないだろう。

（3）学校の誕生と思春期・青年期

　学校では，同年代の子どもが集められ，「生徒」として規定される。こうして作りあげられた人間関係と自己規定は，子どもが学校にいるあいだにのみ機能しているわけではない。学校を離れても子どもについてまわる。そればかりでなく，子ども自身もそれを通して，自己イメージやアイデンティティを形成している。実際，子どもが放課後に遊ぶともだちも，思春期以降であればSNS（ソーシャル・ネットワーキング・サービス）でつながるともだちも，学校での人間関係を基盤にしているものが多い。

　学校と関係づけられていることが，子どもたちのアイデンティティと深く関わっていることは，「子ども」ということのきわめて本質的な事態にかかわるものである。そもそも学校という装置自体，子どもたちが社会的役割や職業を選ぶ自由度が高くなってから発生したものである。

第1章でも触れたように,「親が大工なら子どもも大工」というように,親の職業を手伝うことで仕事を学び,家の職業を世襲するような伝統的社会では,子どもたちにとって,自分たちが何者であるのかは既に決まっていた。問いかける間もなく,心理・社会的アイデンティティは決まっていたのである。その頃は,「青年期」というものは存在せず,子どもからそのまま大人へ移行した時代であった。もっと前には,大人とは異なる固有の時期としての「子ども時代」というものさえ存在せず,子どもは「不完全な大人」,「小さな大人」としてみなされていた時代があったことは,歴史家のフィリップ・アリエス（Aries, 1960）が示したところである。

　しかし子どもの権利というものが認識され（第1章で紹介したルソーの功績にあるところが大きい）子ども期が固有の時代として認識されるようになると,子どもは「可能性をもつ存在」として,「まだ何者でもないからこそ色々なものになりうる存在」として位置づけられるようになった。そして,学校に囲い込まれて育てられるようになったのである。

　学校に通うようになった子どもたちは多様な日常生活の文脈から切り離され,脱文脈的で抽象化された「子ども」として定義された。そしてこのことは同時に,大人とは異なる「子ども期」という固有の時期が明確にされ,子どもが子どもとして確立したということを意味しているのである。さきほども述べたように,青年期という時期は,こうした「子ども期」の成立の延長線上に存在している。もし今のような学校が誕生することによって子ども期が生じなかったら,子どもから大人への移行期としてのマージナルな時期である青年期も存在しえなかったであろう。

　このように考えると,学校という存在と子ども期,青年期というの

は，じつに本質的で大きな結びつきがある。意識するにしろしないにしろ，子どもとしてあるいは青年として自己規定するとき，あるいは子どもとして青年として他者から規定されるとき，そこには学校というものが存在しているということが暗黙のうちについてまわるのである。

2．スクールカウンセリング

（1）日本のスクールカウンセリングの特徴

　日本の小中学校，高等学校にスクールカウンセラーと呼ばれる専門家が勤務していることは，すでに馴染みとなった。スクールカウセンラーは，児童生徒の心の問題をはじめ，学校のさまざまな問題に関して，心理学的な専門性とりわけ臨床心理学，学校心理学，精神医学等の専門性をもってその解決に関わる職能である。

　文部省（当時）の調査研究委託事業により各学校へのスクールカウンセラーの配置が始まったのは，1995年のことであった。それまでも，臨床心理の専門家を学校の教育相談に導入しようという動きはあったものの，資格のない臨床心理の専門家の職能や専門性がどのようなものなのかが不明確であったため，実現化には至らなかった。しかし，1988年に日本臨床心理士資格認定協会が設立され，臨床心理士の資格認定制度および大学院での養成カリキュラムが定まってくると，明確な職能の専門性をもつ専門職として，学校への配置が実現される流れとなった。

　日本のスクールカウンセリングは，諸外国に比べて独特の様相を示している。多くの諸外国の場合，スクールカウンセリング，教育相談を担う「学校カウンセラー」は，教師としての資格をもちつつ，フルタイム，パートタイムのバリエーションはあるにしても，教員集団の一員として位置づけられる。ただし，教科教育をおこなうのではなく，人格教育や道徳教育，ストレスマネジメントなどをおこないつつ，子どもの進

路や心理面での相談にのったりする存在である。依って立つ理論は，カウンセリング心理学の理論に加えて，発達心理学や学習心理学，健康心理学などの理論である。現在の日本では教師が担っている進路指導や生徒指導といった分野も，諸外国ではスクールカウンセラーが担っているのである。

　これに対して，日本のスクールカウンセラーの場合，臨床心理士を中心とする心理の専門家が担当することが多い。したがって，学校教育に関する知識ばかりでなく，心理療法や精神疾患に関する知識や技能をもって職務にあたることになる。文部科学省の派遣事業の枠組みの中では，学校の教師集団に属するわけではなく，週に1日か半日のパートタイムである。拠点校に席を置きつつ，複数校を担当することも多い。その業務は心理相談が専らであり，学校の運営や計画に中心となって関わるということは殆どない。

（2）スクールカウンセリングの現場の組織構造

　学校においてスクールカウンセリングは，どのように機能しているのであろうか。もちろんそれは，各学校において異なっており，まったく同じような働きをしているわけではない。もともとスクールカウンセリングは，学校教育に対する補助的な機能，すなわち，従来の学校教育での関係だけでは十分ではないところを補完するという発想と施策のもとに始まったため，その役割は状況等に応じて柔軟に変化する。

　制度的にいえば，スクールカウンセラーは，各自治体の教育委員会から派遣されることが多い。教育委員会の直轄の人事であり，学校の人事とは異なる位置づけである。このことが，スクールカウンセラーの比較的独立性のある活動を可能にしていることになる。しかし，私立学校などにおいては，学校が直接雇用している場合もある。スクールカウンセ

ラーが毎日学校に常駐しているのは，2018年の時点ではきわめて稀であり，週に1回程度，いわゆる外からの「稀人(まれびと)」としてやってくる。この点が諸外国のスクールカウンセラーと異なる大きな特徴である。

　学校では，スクールカウンセラーを学校の既存の機能と結びつける役割をする「コーディネーター」が置かれることが多い。このコーディネーターは，教頭などの管理職であったり，学校によっては，生徒指導の先生であったり，あるいはクラス担任から外れてこの業務に専らあたる教員が置かれたりする。教室に入れない子どもが過ごしたりする「別室」が設置されている場合，コーディネーターは，そこの責任者だったりすることもある。先述したように，教室では子どもたちは「生徒」として，ひとつの社会的役割を与えられ，それがゆえに個人差（個性）が剥き出しにされてしまうところがあるが，別室という少人数の場では，どのような役割関係をとるのかということに対しては，教室よりもずっと自由度は高い。グループ内の役割分担をすることでグループ内での位置づけを得て「教室には入れないし，たとえ入ったとしても居場所がなく辛い」という子どもであっても，別室であれば登校が可能である場合も多い。

　教室とは別の居場所として重要な役割をもっているのが，「保健室」である。保健室には養護教諭が控え，生徒たちの健康の管理や，ケガや病気などの初期対応にあたるが，心理的な原因で教室に入れない子どもたちの一時避難場所となったり，休み時間にほっと一息をつく場所となっていたりする。スクールカウンセラーが，1週間のうちの限定された日にしか来ないのに対して，養護教諭は常駐しており，子どもたちの普段からの様子を細やかに観察しつつ関わっている例が多い。養護教諭は，スクールカウンセリングの現場では，コーディネーターの教諭と同じくキーパーソンである。

(3) スクールカウセンラーの多様な活動

　スクールカウンセラーの活動のあり方には，多様性があることは先述したとおりである。ある学校では，カウンセラーは朝から夕方まで，ずっと生徒や保護者の個人面接に従事している。また別の学校では，個人面接はほとんどなく，気になる子どもがいる学級で授業参観をおこない，子どもへの関わり方について担任にコンサルテーションをおこなったり，休み時間などの比較的自由な時間に，子どもたちに関わったりという働きをしている。さらには教員から，子どもへの対応に関して個別に面接を希望される場合もある。また別の学校では「別室」に控えていて，そこでの子どもたちの活動を支える場合もある。さらには，児童・生徒，保護者，教員などを対象に研修や講話をおこなうこともある。

　このように，スクールカウンセラーは，学校で子どもたちが自己探究し成長していくことを，柔軟な形で支えていくのである。すでに述べたように，業務の中心は心理相談であり，学校の運営や計画に中心となって関わるということは殆どない。スクールカウンセラーは，学校の中心からやや離れて存在しているからこそ，学校がもともと機能としてもっている「社会からの自由さ」ということを実現することに寄与しうるともいえる。

3．自己探究の場としてのスクールカウンセリング

(1) スクールカウンセラーが学校に入る意味

　スクールカウンセラーが学校に入るようになったことは，学校の制度に対しても，その成員のあり方に対しても，とても大きな意味をもっている。

　まず，スクールカウンセラーが入ってきたことで，学校は「生徒―教師」という単一の社会的役割だけでなく，新たな社会的役割を含むよう

になった。すなわち「生徒―教師」という，たったひとつの関係性しかなかったところに，「生徒―スクールカウンセラー」「スクールカウンセラー―教師」の関係が生じ，これらの関係が「生徒―教師」の関係自体にも影響を与え，関係性に揺らぎが生じ，新たな関係性のあり方が生まれる可能性が開かれたのである。

　スクールカウンセラーが入る意義の2点目は，学校が本来もつはずの自己探究の機能を呼び覚ますきっかけになりうるということである。スクールカウンセラーは，教師や生徒から受ける相談に関して，答えを知っているわけではない。生徒と同じように答えを模索する存在として，スクールカウンセラーが存在する。教師から受けた相談に関しては，スクールカウンセラーと教師とが，ともに答えを探究していく。生徒から受けた相談に関しても同様である。正解がわからない状態でともに答えを探究していくことは，I-R-E連鎖を主とする学校のコミュニケーション構造の中に，新たなものを生み出す可能性を開くであろう。その意味では教師がカウンセリングを学ぶことは，教育自体のあり方を問い直すうえでとても大きな意義がある。

（2）歴史からみるスクールカウンセリングの意義と変遷

　歴史をさかのぼってみると，スクールカウンセリングは，学校が本来もつ自己探究の機能を保証するための場所として導入され発展してきたことが明確にわかる。

　学校においてカウンセリング的機能が必要であるということは，第二次世界大戦後，日本の学校においては一貫して主張されてきた。戦後すぐに，アメリカからロジャーズ（Rogers, C. R.）の来談者中心療法が紹介され，それまでの戦前の教条主義的な教育のような上下関係ではなく，生徒と横並びになって話を傾聴し，生徒の成長を支援していくとい

うカウンセリングは，きわめて民主主義的な教育の方法として熱い注目を集めた。

カウンセリングがまず注目されたのは，大学の学生相談の分野においてである。もはや子どもではなく，当時はすでに「大人」として位置づけられていた学生の成長と発達を支援していくために，手取り足取り導くのではなく，あくまでも本人の主体性を尊重し助けていく方法として，戦後の教育改革と関連してカウンセリングに期待が集まった。また，戦後の価値観の大きな転換を体験した当時，学生が自由な空間と時間の中で新しい価値の探究と自己探究をしていくことを保証する場所としての意味づけがあった。

カウンセリングが戦後に着目されたもうひとつの理由は，非行や少年犯罪の防止のために有効だと考えられていたことである。戦後すぐの混乱の時期，非行は生活のやむにやまれぬ必要性や，戦災孤児など家庭環境の恵まれなさを原因として生じるものが多かったが，混乱がおさまってきた1960年代になると，学校に馴染めなかったり，将来への目標を見失ってしまったりしたことを原因とする非行が目立つようになってきた（第7章参照）。そうした子どもたちが，自分自身に開かれて自己探究をおこなうことができるよう，受容的な雰囲気の中で自分について考え，自分の可能性を探ることができる場として，熱心にカウンセリングの技法が学ばれていったという経緯がある。

このように，学校という場に関連したカウンセリングは，学生相談にしろ少年非行への対策にしろ，思春期・青年期における自己探究をおこなう場としてスタートしていたのである。この事実は，スクールカウンセリングの役割を再度捉え直すうえで重要である。生徒として括られ個人差を否応にも意識させられることとは異なった，もっと自由度の高い自己探究としてのカウンセリングの意味は，現在でも失われていない。

しかし私たちがもう一度考え直さなければならないのは，現代の思春期・青年期の子どもたちを取り巻く社会的環境の中で，カウンセリングの場はどのように位置づけられるのだろうかということである。とりわけ青年期に入ってからは，子どものもつ関係性の場はもはや学校だけに留まらず，自由に使いこなすSNS等を通して多様化し果てしなく広がる。

スクールカウンセリングが，学校あるいは家庭とは異なる自由な関係性を提供するということ自体が意味をもつためには，子どもたちは，少なくとも通常は家庭や学校に強く規定されていることが前提となる。ところが，さまざまな人間関係を自由に渡り歩くとき，スクールカウンセリングでの関係は，それらの多様な関係のひとつにすぎなくなってしまう可能性もある。

思春期・青年期の心理的な支援に関わる者は，「学校教育の関係とは異なる」というネガの方向からのみでスクールカウンセリングを定義するべきではない。子どもたちにすでに多様な関係性の場があるときに，スクールカウンセリングでは何ができるのか，そこでの人間関係にはどんな意義があるのか，はたして他にないかけがえのない体験たりうるのかということが改めて問われる。そうして自覚的に支援のあり方を工夫していく必要が，ますます必要とされている。

引用・参考文献

Aries, P.（1960）*L'enfant et la vie familiale sous l'Ancien Regime*. Plon.
　杉山光信，杉山恵美子（訳）1980『〈子供〉の誕生：アンシァン・レジーム期の子供と家族生活』みすず書房
角田豊，片山紀子，小松貴弘（編著）2016『子どもを育む学校臨床力：多様性の時代の生徒指導・教育相談・特別支援』創元社
Mehan, H.（1979）*Learning Lessons: Social organization in the classroom*. Harvard University Press
文部科学省教育相談等に関する調査研究協力者会議（2007）「児童生徒の教育相談の充実について―生き生きとした子どもを育てる相談体制づくり―（報告）」

6 │ 思春期・青年期と「異界」

《目標&ポイント》
・前思春期から思春期における「異界」への開かれの体験に関して，その特徴を理解するとともに，それが思春期の心的変化の反映であることを知る。
・前思春期から思春期にかけて，引越しの体験や海外での生活の体験が，どのような心理的な影響をもたらしうるかを理解する。
・青年期における留学などの異文化体験が，アイデンティティの形成にどのような影響を与えるのかを理解する。
《キーワード》 異界，異文化体験，帰国子女，留学，アイデンティティの形成

1. 異界への興味

（1）前思春期の異界への開かれ

　1691年，アメリカのニューイングランドの田舎町セイラムで，少女たちは，長い冬のなぐさみに，カリブ出身の黒人の使用人から，未来を占う交霊術を披露してもらっていた。当時のキリスト教では禁止されていた行いである。占いは密かに評判となり，そこに集う少女たちの数は次第に増えていった。

　ある日，突然，一人の少女の様子がおかしくなった。恍惚とした表情をしていたかと思うと，悲鳴をあげ，体を痙攣させたりした。回復を願って祈る両親に暴言を吐き，聖書を投げ飛ばす始末である。この奇妙

な症状に対して，医者は「悪魔に憑りつかれた」というほかなかった。
　このことをきっかけに，多くの少女たちが，次々と同様の症状を示しはじめた。未来を占う秘術を披露したことは，少女たちも使用人も伏せていたが，使用人がカリブのブードゥー教の妖術を使い，少女たちに悪魔を憑りつかせたのではないかと疑われた。ほかにも少女たちの「証言」をもとに，悪魔と関係があるとされる2人の女性が捉えられ，裁判にかけられ「有罪」とされた。
　その後も，少女たちの「証言」のままに，次から次に悪魔に関係するという人々が捉えられた。そして被告の裁判の途中で少女たちが尋常ではない振る舞いをしたり痙攣をおこしたりすることが，被告が悪魔と関係があるという証左とされた。その結果，合計200名近くが投獄され，19名が絞首刑となるという悲劇が生じたのである。
　「セイラムの魔女裁判」と呼ばれるこの悲劇が生じた原因には諸説あるが，思春期の心のあり方を考えていくうえで，きわめて示唆にとんだ材料である。いわゆる集団ヒステリーの現象のひとつとしても考えられるが，少女たちがお互いの証言を取り入れて，なかったはずの事実がだんだんと少女たちにとって心理的現実味を帯び，いつのまにかそれを「事実」としてほんとうに思い込むようになったのである。この話は，いかに思春期の同世代の凝集性が強いのかを窺わせる。ちょうど，チャムの時期に対応する融合的な心のつながりである。
　それと同時に，少女たちが，未来を占う秘術に密かに没頭したように，そして「魔女」や「悪魔」という題材を自分たちの症状の形成の原因として持ち出したように，そこには不可思議なもの，禁じられたもの，恐ろしいものを求める心があったのである。
　思春期に入った子どもたちは，不思議なもの，こわいもの，超越的なもの，奇妙なものなどに，急に興味をもちはじめる。UFOであったり

幽霊であったり，古代文明の謎や猛毒生物，あるいは超能力であったり，さまざまな興味のバリエーションはあるが，それらに共通するのは，日常生活ではにわかには信じられないもの，ふだんは目に見えないものである。一言でいえば，日常の世界ではなく「異界」に開かれ興味をもつようになるのである。

こうした異界への開かれは，前思春期に始まる。第2章で述べた自我体験を思い出してほしい。それは，それまで自明であった日常の世界というものが，突然にその自明性を失ってしまう体験であった。あたりまえだった周囲の世界や両親，自分の存在というものは，本当にあたりまえなのか，疑いはじめると確信がもてなくなる。「自分はどこからきてどこへいくのか」「宇宙のはじまりはどのようになっているだろうか」といったように，宗教的で哲学的でもある思考を開始する。このような体験があるからこそ子どもたちには，目に見える世界よりも目に見えない世界，あたりまえの世界よりも不思議な世界のほうが，よりリアリティをもって心に迫ってくるのである。

（2）異界体験とともだち

異界への興味は，同世代の友人とのあいだで共有される。共に興味をもち共に怖がり，それについて話題を展開することは，異界へ開かれて戸惑っている心を収めていくことにつながる。子どもは，自我体験をなかなか親にも語らなければ，ともだちどうしでも語ることはない。それはあくまでも個別的な体験であり，誰かと共有してその不安をおさめたりするような類のものではなく，心の中にそっとしまっておくようなものである。しかしながら，不思議なもの，怖いものといった，異界への興味を題材とすることで，子どもたちは，自分の心の揺れに向かいあっていくことができるのである。

もし前思春期や思春期にいる子どもが，一人で心霊写真集やUFOについて没頭し，そのことを誰とも共有しないとしたら，親はとても心配になるだろう。子どもが実際にそのような状態だとしたら，それは実際に心理的に深刻な危機である。そうしたことを，友人同士では分かち合うことができず，学校にやってくるスクールカウンセラーにだけ得意そうに打ち明ける場合などは，友人関係で難しさを抱えているケースが多い。しかし多くの場合，心霊写真を見た子どもは，それを誰かにも見せたくなり，共有したくなり，他の子からも話を聞きたがったりして，異界への興味を友人と分かち合うのである。

　こうした異界への興味は，ときには作話的になってしまうことがある。「こんな不思議な体験をした」とか，「こんなものが見える」など，超常的な体験を語る場合もある。本人にとっては，そうした異界への体験を語り，それを受け止めてもらうことで，友人とのつながりを求めようとしているのであるが，それがあまりにも行き過ぎたものであると，友人から疎まれたり，うそつきだと言われたりして，かえって孤独となることもある。そして，自分の話を否定せずに聴いてくれるカウンセラーに打ち明けるのだが，それを心的な現実としてしっかりと受け止めることは，その子が自分自身の心の揺れに向かいあっていくうえで大切なことである。

(3) 学校の怪談

　思春期の子どもたちの異界への開かれをもっともよく示しているのは，この時期の子どもたちが学校を舞台とした怪談に没頭することである。書店に行けば，小学校の中学年ぐらいをターゲットにした棚に，その手の本が多く並んでいる。学校を舞台にした怪談の物語を好んで読むばかりでなく，子どもたち自身で自分たちの学校に関する怪談が作り上

げられ，噂として流布することも多い。「夜になると，音楽室のピアノがひとりでに鳴っている」とか，「あの場所では昔，女の子がかくかくしかじかで，今でも……」とか，「呪いの△△が，何処何処にある」というようなストーリーである。

　子どもたちが怪談を設定する舞台は，心理学的に見てもとても興味深い場所である。怪談話のお決まりのパターンを利用している面もあるが，そうしたパターンが子どもたちの心に届いているということは，やはりそこに心理学的な意味があるからである。たとえば，怪談の舞台となるのは境界的な場所が多い。トイレはその代表的なものであり，理科室，階段，体育用具室，体育館の裏などである。時間も，「時計が12時を刻んで日付が変わるとき」や，「なぜか時計が13回の時を打つ」など，境界的な設定がなされる。

　第5章で述べたように，学校という空間は，日常空間から囲い込まれ，日常空間の雑多さや多様性というものを捨象（しゃしょう）したうえに成立している空間である。ある意味では，学校自体が日常空間と異なった「異界」であるといえるし，またある意味では，日常の雑多性や影というものが捨象され，不思議なものや怖いものを排除したクリーンな空間であるともいえる。そうした学校という場の境界的な場所と時間を舞台にして，クリーンな空間におさまりきらない物語を，子どもたちが「怪談」として展開するのは，きわめて健康的な営みである。学校ばかりでなく，自分たちが住んでいる日常的な空間や街にも，こうしたいわく付きの「怪談」が生み出され都市伝説となることもあるが，これも機能的で意味づけられた空間に創造される異界であろう。

　子どもたちは学校の怪談を誰にでもしゃべるわけではない。怪談には，それを聞いた者への「掟」が伴うことが多い。「この話は他の人にしてはいけない」という素朴なものから，「満月の夜にだけ話してよい」

というようなものまで多様な掟があり，いずれにしても無闇に広まり拡散することがない，秘密としての性質を帯びている。学校の怪談の領域は，学校から管理されない心の中のアジール（聖域）である。

2．異文化と思春期・青年期

(1) 思春期での引越し体験

　第3章で述べたように，前思春期においてはチャムの関係が，そして思春期では「仲間」との関係が大切な意味をもつ。そうしたともだち関係は，子どもたちにとって，もはや子どもではない，しかしまだ大人でもない自分というものを，支えあって確認しあううえで，とても大切なものである。

　しかし親の仕事の都合などで，そうした時期に転校してともだちのもとを離れ，遠く離れた土地で，これまでと異なる文化圏で暮らし始めることもある。前思春期・思春期での転校は，子どもたちにとって大きな心の危機につながることもある。まず，自分の存在を心理的に支えていた友人との関係を失ってしまう。後にそのことを「自分の片側がもぎ取られてしまったようだった」と述懐する言葉を聞いたことがある。

　新しい場所で，ふたたび親密な人間関係を築くことができればいいが，実際は難しいことも多い。行った先ではすでに親密な仲間関係ができあがっていて，その中に入っていくのはなかなか至難の技である。クラスの子どもたちがずっと幼い頃から顔なじみである場合は，そこに入っていくのはなおさら難しい。また，文化の違いに直面することも多い。高校生ぐらいになるとさすがに寛容になるが，小学生はまだまだ方言や言い回しの違いに対して残酷である。方言を馬鹿にされ，あるいは逆に標準語に近い言葉をしゃべることを馬鹿にされたりする。そこで転校生は，もともとその集団で親密な仲間関係を築き上げることができて

いなかった子ども，すなわち集団からはマージナルな位置にいる子どもとまず仲良しになることが多い。

　引越しの際は，親たちも余裕がないのが通常である。新しい職場に適応するため，新しい住居に馴れるため，新しい生活パターンを築くため，新しい人間関係をつくり上げていくために精一杯である。転居したことをめぐって家庭内の意見の対立等が表面化して，ふだんなら何でもないことがトラブルとして目立つようになるかもしれない。親の対立をみる子どもたちは，自分の不安を表明したり，親に甘えたりすることがなかなかできなくなる。

　実際に心理臨床場面では，前思春期の頃の引越しが大きな影響を与えている事例に出会うことが多い。中には不幸にも，それに加えて「いじめられ」体験がある場合もある。その後，いじめは収まったり，あるいは引越し先で落ち着いてきて新しい人間関係ができた場合でも，本人はすでに過去のこととして克服したかのように思っていたとしても，自己価値観や自信といったものがもてなかったり，必要以上に劣等感をもったりしているという形で，影響が残っていることもある。

　もちろん引越しが結果的に子どもにとっても家族にとっても良い展開である場合も多くあることは付け加えておきたい。

(2) 外国からの引越し：帰国子女

　思春期の多感な時期での引越しは，日本国内でも大きな心理的な意味をもつことが多いが，これが，外国から日本への引越しとなると，さらにインパクトが大きくなる。外国で一定期間暮らし日本に戻ってきた，いわゆる「帰国子女」の日本文化への適応のテーマは，1960年代にこの言葉が登場して以来，長い間論じられてきた。とりわけ，日本企業が海外に進出していった1990年代以降，帰国子女という現象は決して珍しく

はない身近なものとなった。

　そもそも帰国子女ということがテーマになること自体が，実は日本の文化的特徴に関係している。海外生活が長かった子どもや青少年を一括りで表現する，「帰国子女」に類した言葉は，他国ではみられない。日本の文化の同質性が強調されるあり方，出る杭は打たれるような状況が，他の文化圏で生活してきた人に対して独特の意味づけをおこなうのである。外国暮らしを経験しているとか，英語がしゃべれる（英語圏で暮らしていたわけでなくとも，そうした表象がなぜか多い）といった「やっかみ」が投影されていることもある。これに加え，帰国子女のほうも，給食やそうじ当番といった，他の国の学校にはない習慣や学校文化にとまどい，驚くことも多い。

　海外への留学ならば，それは自分の意志でおこなうことであり，どこに留学するかを自分で選べるという能動性がある。これに対して帰国子女の場合，親の都合での海外生活であり，自分で選んだわけではない。その場合，異文化体験を楽しむというより，困難さを感じることが多くなりがちである。

　帰国子女の場合，日本に戻ってきてからの適応ばかりでなく，現地で暮らしていたときの適応に関する問題も大きい。どのくらいの期間を現地で暮らしていたのか，それはどのくらいの年齢のときであったか，どんなコミュニティで暮らしていたか（もっぱら日本人コミュニティで暮らして日本人学校に通っていたのか，現地の学校に通っていたかなど）によって，現地で遭遇する生活上の困難さは異なり，また個人差もある。いずれにしても帰国子女は，自分が暮らしていたホスト国での適応と，日本に帰国してからの適応の，二重の難しさを感じるのである。この結果，いずれの文化圏にも完全に自分を同一化することができないまま，根無し草のような自分を感じ，言語や習慣の違いに帰国前も帰国後

も直面し，社会生活が円滑に送れないことから，劣等感を抱いたりすることも多い。

　箕浦（1984）は，9歳から14—15歳ぐらいまでのあいだに，「文化の感受期」があることを指摘している。たとえば，幼い頃に海外で暮らしている場合，子どもは現地の言語や行動様式を柔軟に吸収し，見事な適応を示すことが多い。その子どもが8歳ぐらいまでに日本に戻ってきた場合は，数年もたてば日本語を不自由なく流暢に話すようになるが，代わりに現地での言葉を忘れてしまう。そして日本での生活様式に，無理なく馴染むようになる。これに対して，14—15歳を越えて日本に戻ってきた場合，現地での言語の能力がそれほど失われない代わりに，日本語の習得に困難があり，日本の生活習慣に馴染むのも難しいということが知られている。

　この「感受期」が，ちょうど前思春期から思春期の時期にあたることは偶然ではない。この時期に，子どもの認知システムは大きく変化していくことを既に論じたが，「感受期」のあいだに子どもたちは，特定の文化を内面化するのである。箕浦はこのことを「ある文化圏の中での特定の文化的意味に感応する認知—動機—情動の回路が形成される時期」と意味づけている。すなわち，ある文化圏内での文化的コードに対して，反応し対応する考え方や振る舞いをするような回路が形成されるのである。それが自分は何者であるのか，自分にとって基準とすべきことはどんなことなのかを形作る基盤となるのである。

（3）留学体験

　「若い頃の苦労は買ってでもせよ」と言われるが，若い頃の異文化への留学体験は，その人の人格の成長に，色々な意味で大きな影響を与える。ここまで述べてきた「引越し」や「転校」，「帰国子女の体験」が，

自らが望んでおこなったことでないのに対して、海外留学は、一般的にもっと年が長じてから自分の希望や意志でおこなわれる。

　留学を志すのは、まさに青年期に入ってからであり、思春期以前の子どもや思春期真っ只中の小学校高学年や中学生が、自らの意志で留学をおこなうことは、めったにない。留学をするということは、青年期に入って自分を包み込んでいる社会に対して違和感をもったり反発を感じたりするようになること、既存の社会とは異なった自分のあり方を求めようとすること、親から自立して独立したいという気持ちをもつことなど、青年期特有の心性と深く関連している。

　留学は、先述したいわゆる「感受期」以降におこなわれるものである。すなわち、自分が育った母文化の文化コードを身につけ、それに従ってアイデンティティができあがった（あるいはできあがりつつある）後の体験である。したがって、その体験においては、どっちつかずで苦しんだり迷ったりというよりも、自分の母文化と新たに触れた文化を相対化し、お互いを比較する。そして、新たに触れた文化の様式を、その文化内部で育った人たち以上に、より極端な形で理想化して取り入れたりすることもあれば、逆に自分の母文化のほうを理想化するようになる場合もある。

　青年期における異文化体験は、昔からその意義が認められ、積極的に推奨されてきた。「武者修行」と称する旅に出たり、奉公に出されたり、あるいは青年が遍歴の旅に出たりするというテーマは、洋の東西を問わず見られるものである。感受期以降に、異文化の中にどっぷりと浸かることは、自分に内在化されている文化コードに対して意識的になり、それを相対化する柔軟な視野をもつことにつながるだろう。そして、異なる言語や文化様式を学ぶことを一度体験しておくことは、その後生涯にわたって、新たな文化を柔軟に学んでいくという態度や感性を育てるこ

とにつながることも期待できるであろう。

　留学を機にその後も異文化の中で暮らすようになるケースもあるが，多くの場合は帰国することになる。留学先での生活は，さまざまな苦労も多く決して楽なものではないが，心理的には，「自分は今何かを学んでいる」という希望があり，またホスト国でも社会的に「留学生」という居場所を与えられた存在である。しかし帰国後，適応上の問題が出てきて，母文化に不適応を感じ始めることもある。それは，文化的要因ばかりに起因するものではなく，むしろ本人のパーソナリティの要因によることもある。すなわち不適応感の原因をもっぱら文化的要因に帰属させ，「留学先の文化はすばらしかった，それに比べて日本は……」と不満を抱き続け，「ここは自分が本当に住むべき場所ではない」と思い続けているが，実は文化適応の問題ではなく，もっと一般的な適応の問題であるというような例である。

3．異界との接触の創造性と危険性

（1）異界との接触の意味

　自分が現実に住んでいる世界と異なる世界と接触することは，思春期・青年期の子どもたちの心の成長において，とても重要な意味をもつ。ひとつには，青年期の留学体験でみたように，視野を広げ，柔軟な考え方ができるようになるからである。

　青年期の成長の特徴として，自分自身のことを対象化して反省的思考で捉えるということがある。これはアイデンティティの探求と深く関わっている。自分とは何者か，どんな特徴があるのかというように，自分を改めて捉え直して考えていくには，自分にとってあたりまえの世界にだけ根ざした思考では不十分である。あたりまえでないこと，自分の現実とは異なることへ開かれてこそ，自分自身を俯瞰する視点というも

のが出てくるのである。また，自分は何をなすべきか，自分はどうなっていくべきかという未来への志向や選択は，まさに今は存在しない未来の状況という，今とは異なる一種の「異界」に対する開かれがあってこそ可能となるのである。

　異界との接触が思春期・青年期の心の成長に必要な理由は，もうひとつある。それは，心の中の「異界」を外在化し対象化し，それについて考えたり感じたりすることができるということである。これまで何度か述べてきたように，前思春期の自我体験に代表されるように，子どもたちは成長の過程で異界への体験に開かれる。この異界体験は，子どもが実際に異界に投げ込まれるというよりも，これまでと同じはずの世界がまったく異なる意味を帯びてくるといった，心の中に「異界」が出現する体験である。

　心の中の体験は，それ自体では非常にとらえにくいものであり，漠然とした不安感，違和感，恐怖，離人感など，あいまいではあるが強烈な感情として体験される。それに私たちは「捉えられ」，それが一体何であるのかを認識して見定めることは，とても難しい。しかしながら，心の外の「異界」としてイメージされ表象されると，私たちはそれ（心の中の「異界」）を対象化し，思考することができるようになるのである。

　これは心理学的には，心の内界の出来事が外界に託される「投影」という現象であるが，この心理的機制は，けっして病的なものではなく，健康な心の成長のために大切なものである。自分の不安や違和感というものが，霊や魔女の仕業であると信じこんでしまうのは行き過ぎであり，これでは自分自身への顧慮につながらない。しかし，たとえば，外界を気味悪いと思う感覚がほんとうは自分の内側から沸き上がってくる不安が投影されたものであるにしても，怖い心霊の話を読んだからだと思ったり，あるいは，怖い場所に行きあわせてしまったからだなどと想

像したりするのは，そのままでは取り組むことが難しい内的な不安を自らで意味づけて扱っていこうとするためのひとつの方略である。

(2) 異界の表象

　異界と何らかの形で関わりをもつことは，思春期・青年期ばかりでなく，人間にとって普遍的なものでもある。そのためいつの時代でも，どんな文化圏においても，異界について語られ，想像され，描かれてきた。異界の表象は，人間が自分たちの心の中の「闇」，すなわち，心の中の不可解なもの，不気味なもの，いわく言いがたいもの，そして不安や希望などを投影したものである。現代においても，さまざまな物語や作品に，そしてインターネット上のコンテンツに，そうした異界の表象は溢れている。

　異界というものが，心の投影であるとするならば，私たちが出会う異界にはどこか曖昧さがつきまとうことが，とても重要になる。わからない部分，はっきりしない部分，隠れた部分があるということが，それに対していろいろな思いを巡らせ，想像力を働かせることができるための重要な要素となる。すなわち，想像をめぐらせる余地があるからこそ，心が働くのである。そしてまた異界とは，求めればいつでも出会えるようなものではなく，偶然に出会ってしまうもの，ふいに立ち会ってしまうものでもある。

　対して，現在の私たちを取り巻く異界の表象はどうだろうか。奇怪な物語，グロテスクな映像，異界のファンタジー，そうしたものを，さまざまなメディアの上に求めれば，簡単に出会えてしまう。ときにはそれがコマーシャリズムと結びつき，次々と連作が生まれていく。こうした表象がいちがいに悪いというわけではないが，描かれ尽くされた異界は，未知や神秘性，偶然性を失い，もはや異界としての本質がなくなっ

てしまっている。

　たしかにそうした人の作為による表象も，とくに思春期の子どもたちの心を捉える魅力をもっているのは確かである。しかし，そもそも人間の意図によって作られ描かれたものは人間の意識の範囲を越えることはない。また，私たちの心を投影する余地が少なく，想像力と結びつくことも少ない。想像力と結びつくことが少なければ，異界の表象は，それを通して自分の不安について考えたり，自分の気持ちについて考えたりすることに結びつきにくい。その結果，私たちは能動的に異界に対して思いを巡らせるというより，恐怖や攻撃性の「受け手」に留まってしまうだろう。それらの「異界」は，エンターテインメントであったとしても，心理的な作業にはつながりにくいのである。

　その意味でも，いかに異界の表象が溢れていこうと，子どもたちのあいだで語られる素朴な怪談，都市伝説のようなものは，残りつづけ語りつづけられるであろう。

（3）異界からの逃避

　いっぽう，ここで気になる事態がある。それは，怪談や都市伝説のようなものを，子どもたちがお互い語り共有する機会が，ずいぶん少なくなってきているのではないかという観察である。

　LINEをはじめとするソーシャルメディアでのつながりでは，否定的なもの，他人を怖がらせたり嫌な気持ちにさせたりすることは発信しにくい。秘密が一対一でこっそりと打ち明けられ伝達されるとき，そこには心の様々な揺れや影が入り込む余地がある。だが，グループに向けて一斉に発信され共有されるときには，全員にとって受け入れやすく誰に対しても不快でないメッセージでなければ許容されない。もしSNSを通じて，仲良しグループに自分でもおさまりがつかないような怖い話を

したとしたら，関係にヒビが入ることになりかねないだろう。

　学校に入ったスクールカウンセラーに対して，怪談や都市伝説，ときには自分が作り出した怖い話をしてくる子どもたちは，どことなくクラスでは浮いてしまっている子どもが多い。異界話は秘密として共有され結びつきを生むのではなく，異界話であるがゆえに排除され，共有を拒まれ，一人で抱え込まざるをえないのである。それほどに，否定的なもの，気味悪いものを抑圧し排除する集団の圧力は強い。

　日常的な友人関係の中で共有できない「異界」は，結局，それを求め語りたがる人々が集う場所で開かれ共有されることとなる。それは，怖い話を共有しあうサイト，気味の悪いもの，不快になるものが集まる「閲覧注意」のサイトなどである。そのような場所があること，そのような場所を求めること自体は，人間としての自然であり，意味のあることである。だが，それらが「日常」から切り離され，日常と結びつかないことの危険性と破壊性に関しては，意識しておきたい。

　本章の冒頭で述べたニューイングランドでの魔女裁判の悲劇では，交霊会に集う少女たちがピューリタリニズムの掟を破っていたために，そこでの体験を閉鎖期なメンバーのあいだだけでしか共有できなかった。異界に触れることが否定的に意味づけされているために罪悪感をもたざるをえず，触れている自分を認めたくなかったことなどが重なりあったために生じたものである。行き場を失った「異界」は，自分から切り離されて外側に投射されてしまい，その結果，他に行き場を失った異界の力が極端な形で噴出したといえよう。

　子どもが心の中の「異界」を他者と共有しようとして「異界話」をもちかけては疎んじられるため，いっそう他者とのつながりを求めて「異界話」の内容がどんどん極端になってしまうという悪循環に陥っているパターンもある。また，「異界話」を共有しあうバーチャルな世界にし

か居場所を見つけられず，それが，日常の生活の中での他者とのつながりには結びつかないために，ますます孤独になっていくパターンもある。そうした「出口なき異界」に絡めとられるのではなく，それらを，心の現象として共有し，理解していくことが，思春期・青年期の子どもたちに関わっていくうえで大切なことであろう。

引用・参考文献

箕浦康子（著）1984『子供の異文化体験』思索社
岩宮恵子（著）2016『増補 思春期をめぐる冒険―心理療法と村上春樹の世界』創元社

7 | 思春期・青年期と非行

《目標&ポイント》
・思春期・青年期における「逸脱」がなぜ生じるのか，それは成長発達においてどのような心理的な意味をもつのかを理解する。
・青少年の非行に関して，その定義と時代的な変遷について知識を得る。
・現代の青少年の「逸脱」や「非行」の特徴を知ることで，現代社会で心理的に成長発達していくうえでの課題と困難さを理解する。
《キーワード》 逸脱，非行，イニシエーション，リミナリティとコムニタス，暴力

1. 思春期・青年期と逸脱

（1） 思春期・青年期における逸脱の意味

　思春期・青年期では，ごく普通にしていても心理的にも社会的にも「逸脱」してしまう。心の中には，今まで自分が感じたことがないような衝動や感情が生じ，やり場のなさに困惑する。その感情が外に表現されたときには，時には大人を驚かせたり困惑させたりする。ときには，表現というより，本人にも制御できないような衝動的で攻撃的な行動となることもある。疾風怒濤の心の現れとして，逸脱してしまうのである。

　もし逸脱しないように大人たちに合わせて慎重に生活していたとしても，思春期・青年期には自分でも制御しきれないような身体症状や心の

状態が現れることもある。たとえば，腹痛がずっと続いたり，頭が重くて痛いことが続いたりするのに，医学的に診てもらっても何の異状もない。心の状態も不安定で，気力がなくなったり，怒りっぽくなってしまったりすることもある。ときには，どうしてもものが食べられなくなったり，逆に食べすぎてしまうことを制御できなくなったり，何度手を洗っても不潔がとれないようで気持ちが悪いという状態になったりする。このように，現実の日常生活や社会生活では逸脱しなかったとしても，心が「逸脱」を作り出してしまうのである。

　思春期や青年期には，心の中の嵐の現われとしての逸脱があるばかりではない。大人社会へ反発し，大人にしたがっていた自分自身から決別し，新しいあり方を求めつくろうとするために，自らも逸脱を求めようとする。奇抜な格好，反抗的な態度，社会に背を向ける生き方への憧れが生じ，品行方正で身なりが正しいことよりも，大人が驚き顔をしかめるようなことに喜びを感じるようになる。

　思春期・青年期の逸脱は，前思春期の男の子たちが，大人が嫌がるような下品な言葉を言って喜ぶような素朴で幼いものから，法に背いて社会を揺るがすような深刻なものまで，幅広く多様である。社会的な慣習を逸脱する程度であれば，若者らしい勢いの良さだと寛容に済ませることもできるが，社会的な規範を逸脱したり法に触れたりするようなことになれば，青少年の非行となり犯罪となりうる。青少年の非行や犯罪は，他者や他者の財産を損ね侵害するばかりでなく，非行や犯罪をおこなう自身も損ねるものであり，処罰や矯正の対象となる。こうした青少年の非行や犯罪を，思春期・青年期というライフサイクル上の一時期の心理学的な意味から理解しておくことは大切であろう。

(2) イニシエーションと逸脱

　思春期・青年期が，子どもから大人への移行期として，子どもにも大人にも属さない境界的な位置づけにあることは，本書の第1章でも，クルト・レヴィンが青年を称して「境界人」と呼んだことに言及して述べた。境界的な位置づけにあるということは，それ自体がひとつの逸脱である。思春期・青年期にある者は，子どもという存在から逸脱しているものの，大人の世界には入れない。ランドセルはすでに似合わなくなったが，アタッシュケースやブランドもののバッグが似合うようになるには程遠い。

　第1章では，伝統的な社会では子どもの世界から大人の世界へと移行するときにイニシエーションが存在していたこと，それを通過すると大人への仲間入りを果たしたことになることを述べた。イニシエーションについてもう少し詳しくみてみると，そこにも一種の逸脱があることがわかる。イニシエーションは，日常的な空間でおこなわれるものではない。それは，生活の場所から離れた山の中，洞窟，森の中など，特別な空間でおこなわれていた。現代の社会においても，たとえばイニシエーションの名残をとどめる成人式で「晴れ着」を着るように，ひとつの祝祭の場としての特別な空間がそこにはある。

　伝統的社会のイニシエーションでは，子どもたちは，日常の生活世界から隔離される。たとえばふだん暮らしている場所から「精霊」（精霊に扮した大人）によって連れ去られたり，特別にしつらえられた小屋の中に数週間のあいだ閉じ込められ，外に出ることも他人と接触することも許されなかったりする。このように，イニシエーションは日常のあたりまえの生活世界から逸脱させられる要素を必ずといっていいほど含んでいる。その逸脱は，子どもとして象徴的に死すことでもある。

　人類学者のターナー（Turner, V. W.）は，そうした通過儀礼の時期

図7-1　バヌアツ共和国ペンテコスト島のイニシエーション「ナゴール」の様子（ⒸAlamy／アフロ）

自分たちで約7週間かけて組み立てたやぐらから，自分で慎重に選んだヤムイモのつるで作った命綱を足に結んで飛び降りる。成人として認められる通過儀礼であると同時に，豊作祈願の祭りでもある。「バンジージャンプ」のもととなっている。

にあることを「リミナリティ（liminality）」と呼んだ。リミナリティとは，まさに境界の上にあることを意味する言葉である。通過儀礼の途上にある者は，自分がかつて属していた社会からは逸脱してしまっているが，まだその社会へ再度取り込まれてもいない。彼らはどこにも属していないのである。

　境界状態では様々な価値が反転する。「境界にある人たちはこちらにもいないしそちらにもいない。かれらは法や伝統や慣習や儀礼によって

指定され配列された地位のあいだのどっちつかずのところにいる。そういうわけで，かれらのあいまいで不確定な属性は，社会的文化的移行を儀礼化している多くの社会では，多種多様な象徴によって表現されている。かくて，リミナリティは，しばしば，死や子宮の中にいること，不可視なもの，暗黒，男女両性の具有，荒野，そして日月の蝕に喩えられる。」（Turner，1969／1996，126-127頁。傍点は原文による）

　また，ターナーは同時に，リミナリティにある人々からなる共同体のことを「コムニタス（communitas）」と名付け，通常のコミュニティから区別した。そこには「身分序列・地位・財産さらには男女の性別や階級組織の次元，すなわち，構造ないし社会構造の次元を超えた，あるいは棄てた反構造の次元における自由で平等な実存的人間の相互関係のあり方」（同書302頁）があり，「それなしには社会がありえない本質的で包括的な人間のきずな」（同書129頁）を含む。こうしたコムニタスのあり方を，まさに思春期・青年期の若者たちは求めているように思える。

　たとえば，夜のコンビニエンスストアの前や駅の入口に，繁華街の片隅に，若者たちが自然に集まってくる。あるいは，日曜日ごとに若者たちが集う街がある。そこにやってくる若者たちは，全員が顔見知りというわけでもないし，たいして親密になったりするわけでもない。言葉を交わすこともない場合さえある。そこでの出会いがきっかけで親密なつながりや仲間が形成されたりすることもあるが，必ずしもそういうわけではない。

　こうした集まりは，逸脱した者たちによって構成される一種の不思議な共同体でもある。何かの目的のために集まる合目的な集団でもなければ，偶然に居合わせる大衆でもない。しかしそこには，何がしかの感性や雰囲気のようなものを共有する一体感や繋がりの感覚や自由で平等な感覚があり，彼らはそうしたコムニタスを求めてやってくるのである。

（3）イニシエーションで出会うもの

　イニシエーションとして境界状態を通過することは，いったん既成の社会構造から逸脱し宙ぶらりんの状態になって，その後，社会に再び取り込まれていくといった単純な経過で語れるものではない。すなわち，イニシエーションの状態を既成の社会構造をいったん否定するといった側面のみからでは説明し尽くすことはできない。イニシエーションという境界状態にあるからこそ，出会うもの，アクセスできるもの，開かれる世界があり，そのことに注目しなければならないだろう。

　第 6 章では，子どもたちが思春期・青年期において異界に対して開かれることを述べたが，これはイニシエーションと無関係ではない。異界にしろ青少年の心の中に渦巻く感情や情念にしろ，それは子どもの社会であれ大人の社会であれ，現実の社会の中ではおさまりどころに困るものである。青少年は，境界状態の中でそれらに出会い，つきあい方を習得していくのである。つまりそれらに向かい合って，それらを含んで既成の社会（あるいは「この世」）に帰還しなければならないのである。

　このことは，イニシエーションの物語に必ず「試練」があることからもわかる。竜との闘いがあったり，暗い地下の世界や煉獄を通過したり，命の危険さえあるようなところを通過し生き延びることで，一人前であることの承認を得る。これはまさに，思春期・青年期に突然訪れる異界への開きや，激しい衝動に負けてしまうことのない自我の強さを得るということでもある。この試練に負けてしまえば，竜の餌食になったり煉獄の炎に焼かれたり──つまり衝動性や異界性に振り回されてしまう状態となる。かといって，それらがあたかも無いものであるかのように振る舞い，逃げていたのでは，いつまでたっても大人になれず，とても大切なものを損なってしまうことさえある。新たに生き生きと生まれ直したときに自分の心に生じる新たな生命感のようなものから離れ，生

きることの彩りは失われてしまうであろう。

これに加えて，イニシエーションの意味について考えるうえで大切なのは，「あの世」や破壊的なものと接し，「この世」に帰還するとき，何かを摑み取って帰ってくるということである。たとえばそれは，竜から得られた刀剣であったり，あるいはその闘いをくぐり抜けた「徴（しるし）」のようなものであったり，何らかの超自然的な力であったりする。それらは，大人の世界に参入する資格証明であると同時に，「あの世」の象徴でもある。

イニシエーションが終わると，そのときのことをまるっきり忘れて現実の世界に戻ってくるのではない。もしそうであるなら，自分の内に生まれていた新たな世界との接触を失ってしまい，十分に自分を生きられないことになるだろう。もとの世界に再参入したとしても，「あの世」との接触をもち続けるための通路や象徴が必要なのである。このように，自分の内面に生じる新たな動きにつきあっていけるようになることが，「大人になること」なのである。

2. 非行の時代変遷

（1）非行の変遷

「非行」は思春期・青年期の若者の逸脱のひとつの形である。子どもたちは社会の中で成長し自己定義をおこなっていくので，非行のあり方も時代背景と結びつきつつ変化していく。非行は，時代や社会の動きを敏感に反映している鏡であるといってもよい。また一方で，何を非行とするかは，その時代の子ども観や規範意識，ときには大人の不安や社会全体の不安などが反映される。

少年法では，非行少年は，犯罪少年，触法少年，虞犯（ぐはん）少年の3つを含んでいる。犯罪少年とは，刑罰法令に触れる行為をした14歳以上20歳未

満の少年であり，要するに罪を犯した少年のことである。13歳以下の場合は，刑法で「14歳に満たない者の行為は，罰しない（刑法第41条：責任年齢）」と定められているので，刑罰法令に触れる行為をしたとしても，犯罪少年ではなく「触法少年」とされる。触法少年は児童福祉法の対象として児童相談所に送られ，児童福祉法の適用により対応が進められる。児童相談所長や地方自治体の関係部署が判断した場合にのみ，家庭裁判所で審判の対象となる。

　未だ刑罰法令に触れる行為はしていないが，その性癖や行動，環境からみて将来その可能性が高いと判断される18歳未満の少年は，「虞犯少年」として補導の対象となる。虞犯少年は14歳以上の場合は家庭裁判所の審判に，13歳以下の場合は児童相談所に送られる。

　青少年が法に背く，あるいは背く恐れがあることは，いつの時代にも存在していた。しかしそれを，「犯罪」ではなく「非行」として定義づけ，非行の中に虞犯事例も含めること，そして13歳以下の場合には罰しないということには，青少年に対するひとつの見方が存在している。すなわち，青少年を大人になる前の発達途上にある者とみなし，まだ十分な責任・判断能力をもたない者として，単に犯罪を処罰するのではなく，矯正や教育が必要な者として人格の完成を手助けするという発想である。そのための法制度や処遇機関の整備がされて，「不良」や「犯罪」は非行となるのである。

　このような考え方がなされるのは，日本では第二次世界大戦後である。したがって，この時点から非行の変遷を考えてみたい。統計的にみると非行の数（検挙された少年の数）は，戦後から2018年に至るまで4つのピーク（非行の波）がある（図7-2）。

　それぞれのピークがなぜ生じているのかに関しては，時代ごとに分析されている。戦後すぐの非行の第1の波（昭和20年頃から）は，社会的

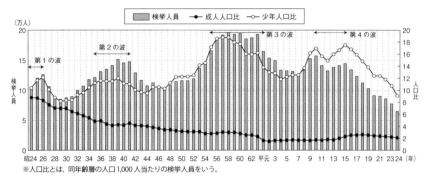

図7-2　刑法犯少年の検挙人員・人口比の推移（昭和24年～平成24年）

（平成25年版『警察白書』より）

混乱と経済的困窮と関連している。戦災孤児や家族離散した子どもたちが、生活のためにやむなく犯す非行が目立っていた。

　戦後10年もすると日本社会は急速に戦後復興を遂げ、社会は安定し、人々の生活にも余裕が出てくるようになった。非行の発生件数は低水準で維持していたが、1960（昭和35）年頃から、これまでとは異なるタイプの非行が多くみられるようになり、これが第2の波となった。このときの非行は、「反抗型非行」と呼ばれるものである。この頃は高度経済成長期であり、高校への進学率が急上昇した時期である。また、必ずしも学習意欲がないのに進学し就職が先のばしになったぶん、将来像を描くことが難しくなって「心理的モラトリアム」が生じはじめた時期でもある。遊ぶための金欲しさの窃盗や性非行が多発したが、それまでの非行と異なって、家庭や性格の負の要因に原因を求めることが難しくなった。また、大人文化に対する反抗や社会管理への反抗として、学生運動の暴徒化や暴走族（カミナリ族）が問題となった。この頃から、学校での校内暴力も頻発するようになっていた。

　第3の波は、1980（昭和55）年から89（平成元）年にかけてピークを

迎える「遊び型非行」と呼ばれるものである。豊かな社会で育った環境的にも不足のない子ども、「ごく普通の子ども」が、バイクや自転車の窃盗、万引きなど、遊び気分で非行をおこなうというものである。「遊び型非行」が言われた時期は、学校で「ごく普通の子ども」がいじめをおこなったり、不登校になったりといった、「普通の子どもに潜在している心の問題」が指摘されていた時期である。「遊び型非行」は、虞犯性がない少年がおこすということから、「初発型非行」とも呼ばれていた。

　非行はその後しばらく減少傾向を辿っていたが、20世紀も終わろうとする頃、少年による猟奇的な殺人事件や学校での殺人などがあいついで起こったことで、少年犯罪の凶悪化論がマスコミによって報道され、社会不安をかき立てた。また、ポケベルやダイヤルＱ２といったコミュニケーションメディアを介した少女買売春（援助交際）のような現象が社会的な注目と驚きを集めた。そこでの非行は、ごく普通の子どもが重大な非行に突然走ることから、「いきなり型」非行と名付けられた。その後、少年犯罪の厳罰化の議論の影響を受けて少年非行に対する厳正な対処がすすみ、万引を窃盗や強盗として扱うようになり、しばらく検挙数も増加することになった（第４の波）。

（２）大人しくなる子どもたち
　その後、子どもたちの非行は統計の上では減少していっているようにみえる。実際に前掲の図７-２をみても明らかなように、平成15年以降、少年非行による検挙者数は減少している。図７-３は、出生コホート（同じ出生年代の人たちを追跡した調査）による非行少年率の推移であるが、昭和60年〜平成２年生まれまでは上昇しているものの、平成３年〜８年生まれでは少年非行の率が低下しているのがわかる。

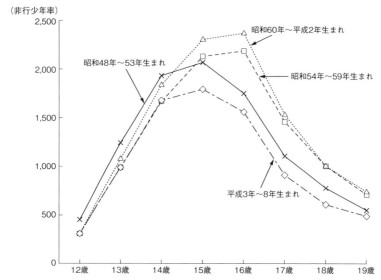

図7-3 少年による刑法犯 非行少年の推移

（平成28年度版『犯罪白書』より）

　それぞれのコホートでの年齢をみてみると，14歳までの非行少年率はコホート間でほとんど変わらない。15歳以上をみると，昭和54年〜59年生まれ，および昭和60年〜平成2年生まれのコホートでは，15歳〜16歳での非行率が高くなったが，平成3年〜8年生まれのコホートになると15歳以降での非行率が低くなっているという特徴がある。

　少年の非行率が下がってきているというデータは他にもある。たとえば，かつては非行や不良化の代表的アイテムであったシンナーの吸引は，この20年で劇的に減少している。また青少年の喫煙率も大幅に低下している。

こうした現象に関する解釈は複数あるだろうが，ひとつ確実なのは，非行がカウンターカルチャーとしての意味をだんだんなくしてきていることである。図7-3で，平成3年〜8年生まれのコホートで15歳以降の非行率が低下していることは，まさに自己のアイデンティティを探し求める青年期での非行率の低下を意味する。青年期の非行の多くは単独より複数，ときには集団でなされることが多い。未成年に禁止された喫煙や飲酒あるいはシンナー吸引などは友人と複数でおこなうものであり，大人への反抗の意味を含むものであった。社会規範から逸脱することでリミナリティの状態に自らを置き，大人社会とは異なる自分たち青少年の集団としてつながりを確認しあうことで，自分たちのアイデンティティを感じていたのである。

　いわゆる「不良」は，大人社会や学校に対する反抗のメッセージ性を含んだ服装をしていた。変形された学生服は，学校文化ということを意識しながら（ある意味で囚われながら）反発していることの現れであった。また暴走族は，自分たちの掟やルールをもち，結束を確認しあうことによって社会的逸脱の集団であることを自認していた。そこへの参入はけっして肯定できるものではないが，イニシエーションともいえるものがあった。

　「いきなり型非行」が言われるようになった頃から，そうしたカウンターカルチャー的な非行の意味は薄れていったが，これは，逸脱する集団の弱体化を意味する。社会からの逸脱を自認する青年集団は，あからさまに非行をおこなうというより，できるだけ分からないよう，ぎりぎりのことろで「悪さ」をするという，ある意味での技術（手口）があった。喧嘩の仕方も，相手を殺してしまわないよう，ぎりぎりのところで引く経験があった。しかしながら現在，非行における集団の力が弱まってしまったことで，かえって個人が極端な形でおこなう非行，悪の手口

を知らない極端な非行が目立つようになったという面もある。

3．逸脱としての非行から未熟な暴力へ

（1）暴力の性質の変化

　ここで非行ということから，「暴力」ということに限定して考えてみたい。

　図7-4をみてもらいたい。学校管理下での暴力発生は，その件数でも発生率でも，中学校でもっとも多いという傾向は昔から変わらないが，平成20年あたりから減少し続け，高校においても減少しつつある。それに対して，小学校では近年増加しつつあることが目を引く。小学校での暴力の特徴をみると，教師という「権威」あるいは大人に対する反抗というよりも，注意されて暴力を振るったり器物破損をおこなったり，友人相手に暴力をふるったりするという形のものである。ここにグラフは掲載していないが，学校管理下以外での暴力発生件数も同様に，中学校で減少が著しく，小学校で増加傾向にある。こうしたことからも，疾風怒濤のアイデンティティ模索と関連した反抗や暴力は減り，もっと素朴で単発的な暴力となってきていることがわかる。

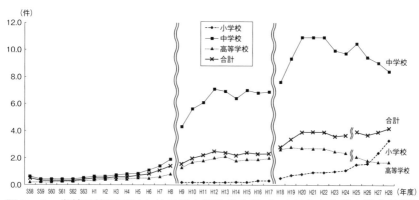

図7-4　学校の管理下における暴力行為発生率（1,000人あたりの発生件数）
　　（文部科学省「児童生徒の問題行動・不登校等生徒指導上の諸課題に関する調査（平成28年度）」p.8）

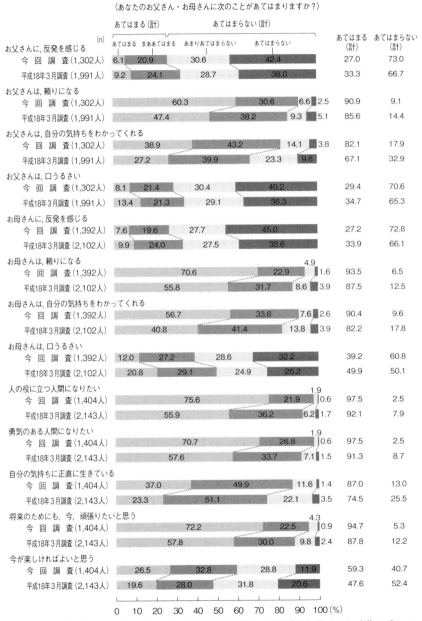

図7-5 「子供・若者白書(平成28年度版)」の調査結果より (満9歳～14歳対象, 有効回答1,404人)

しかし，一見これと反するかのようなデータもある。図7-5に示した9歳から14歳までの子どもを対象とした調査報告『子供・若者白書 平成28年度版』をみると，子どもたちは，10年前の平成18年に比べて両親に反発を感じることが減り，「頼りになる」「気持ちを分かってくれる」という回答が増えている。また，家庭でも学校でも80%以上の子どもが「楽しい」と答えている。さらに，「人の役に立つ人間になりたい」「勇気のある人間になりたい」「自分の気持ちに正直に生きている」という率も高くなっている。つまり，これらの回答をみるかぎり，今の子どもたちは自分の周囲の大人たちや環境と調和し，「いい子」になってきているのである。その一方，図7-6に示した同じ白書の中で，家庭内暴力の認知件数の変化をみると，平成18年に1,300件以下だったものが25年には1,800件に増加しており，「いい子」になっているからといっても決して家庭で子どもと親が調和しているわけではないようである。

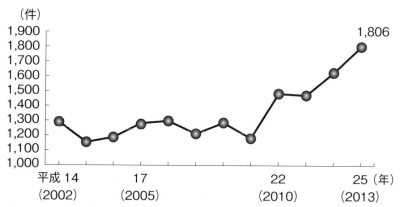

図7-6　家庭内暴力の認知件数（「子供・若者白書（平成28年度版）」p.60　※警察庁「少年の補導及び保護の概況」より作成）

この矛盾したデータをどう読むだろうか。即断は避けたいが，ここでも，暴力が大人への反抗やアイデンティティの模索と関連したものというより，子どもが自己形成していこうとする意識から切り離された，単に粗暴なものとしての性質を帯びてきているように思える。既存の社会からの逸脱と否定のための暴力ではなく，むしろ既存の社会の中にとりこめられてしまっている，単なる現象としての暴力になってきているともいえるのである。

（2）「逸脱」できない現代

「逸脱」が可能であるためには，あるいは，逸脱・反抗がアイデンティティの模索と関連するためには，反抗の対象となる規範や社会が確たるものとして存在していなければならないであろう。「反抗型非行」が盛んだった時代は，学校や大人社会が確たるものであったからこそ，「反抗」が意味をなしていた。しかし，今や社会に確たる規範や物語といったものが失われたという，リオタール（Lyotard, J-F）の「大きな物語の終焉」の論を引くまでもなく，私たちを取り巻く世界の流動化，拠り所のなさは，誰にとっても明らかであろう。

たとえば制服は，もはや学校の権威や管理を意味するものというより，他のファッションと同列の意味となっている。制服に反発することで自分のアイデンティティを探すのではなく，今や制服を着ることは着脱可能な自己のアイデンティティの一部をなしているとさえ言えよう。こうしてさまざまなものが相対化されたとき，もはや反抗することは意味を失う。逸脱することさえできなくなるとも言えるかもしれない。

こうした流動化と相対化に加え，電子メディア，ソーシャルメディアの爆発的普及は，私たちが生きる空間を切れ切れにして，多層化させている。私たちが生きる日常的な空間の中にも，ネットワークを通じて表

れてくる，さまざまな場と関係が入りこんでいる。それらを通じて出現する世界をバーチャルな世界，物理的な対面の世界をリアルな世界とする二分法も，もはや私たちが生きる世界を論じる方法として意味をなさない。現代ではひとつの「大きな社会」から「逸脱」して境界的な位置にたつことが難しくなり，切れ切れの横並びの世界に「横滑り」していくことしかできない。

　その中で，自分の中の逸脱したい気持ちや「悪」とのつきあい方は難しくなっている。かつてどこからみても「不良」の格好をした者たちがたむろしていた，逸脱が大人への反抗として機能していたときには，逸脱を心に抱える子どもたちは，その集団に同一化して参入するにせよ，恐れて関係をもたないにせよ，逸脱に対して向かい合って考える機会があった。そして，逸脱や反抗の対象となっている大人社会が確固としたものとして存在していたため，それと照らしあわせることで自分たちのあり方を考えることができていた。

　しかし，思春期・青年期にある者にとって，今や大人社会も逸脱した集団も確固たる輪郭を失ってしまった。自分を所属させアイデンティティの根拠とする集団や場は，身近な小ぢんまりとした「クラス」であることも多い。そこは先述したように，お互いが逸脱しないように気を使いあい，また逸脱を許さない世界である。そのとき，心の中の逸脱や「悪」は，どこに行くのだろうか。子どもたちはどのように「悪」や「暴力」に向き合って，それを洗練させていくのだろうか。第12章でこのことを引き継いで論じたい。

引用・参考文献

廣井亮一（著）2012『司法臨床入門（第2版）家裁調査官のアプローチ』日本評論社

岩宮恵子（著）2000「思春期のイニシエーション」河合隼雄（編）『講座 心理療法 (1) 心理療法とイニシエーション』岩波書店，105-150頁

Mircea Eliade, M.（1958）*Birth and Rebirth : the religious meanings of initiation in human culture.* Harperz.

　堀一郎（訳）1971『生と再生：イニシエーションの宗教的意義』東京大学出版会

Turner, V. W.（1969）*The Ritual Process : structure and anti-structure.* Aldine Publishing.

　冨倉光雄（訳）1996『儀礼の過程（新装版）』新思索社

8 | 思春期・青年期と不登校・ひきこもり

《目標＆ポイント》
・思春期における「内閉」の心理学的な意味を理解する。
・アパシー，モラトリアムといった思春期・青年期における内閉の特徴を理解する。
・「不登校」の定義と実態，不登校に対する理解の仕方等の時代的な変遷を知る。
・「ひきこもり」の様相や特徴を学ぶとともに，現代社会における思春期・青年期における心理的発達とその困難さについて考える。

《キーワード》 思春期内閉，ひきこもり，アパシー，モラトリアム

1. 内閉の時期としての思春期・青年期

(1) さなぎの時期

まわりがあれこれ言うことに「もうやめて」と耳を塞ぎたくなる経験は，誰にでもあるだろう。思春期・青年期は，そうした気持ちにとりわけなりやすい時期である。心の内側では，さまざまな感情や思いが渦巻いていて，ただでさえあふれそうになっている。要するに内側がきわめて不安定なのである。そこに外側から色々な刺激が加わってかき乱されたのでは，たまったものではない。しかも思春期・青年期は，とても敏感で感じやすいときである。大人にとってはたいしたことでもないことが，強く鋭く瑞々しく心に響いてくる。これに加え，思春期・青年期

は，大人の世界を拒否し反発を感じる時期でもある。かくして，外側を拒否して自分の内に閉じこもることが必要となるのである。

　思春期・青年期に内に閉じこもることは，色々なことを拒否したり独りになったりするということだけを意味しない。自分の心に響いてくる対象に没頭することもある。お気に入りの音楽で耳を塞ぎ，お気に入りの動画や映画を何回も見たりする。あるいはゲームに没頭するかもしれない。あるいは電車の写真を撮ったり，これぞと思ったモノの収集に没頭したりするかもしれない。このように，何らかの対象と一体になって溶け合ってしまうような空間と時間を作ることで，思春期・青年期の子どもは自分の世界に閉じこもるのである。

　自分自身の内に閉じこもることの度合いはさまざまである。普段はふつうに生活をおくっているが，一日のうちにふとそういう時間をもちたくなるという場合もあれば，1年以上も自分の部屋に閉じこもって家族ともいっさい顔を合わせず，着替えもろくにしないという場合さえある。度合いには違いがあるにしても，共通するのは，そうした時間が思春期・青年期の心の成長には必要だということである。心理臨床家であり精神科医でもある山中康裕は，思春期・青年期のそのような状態と心性を「思春期内閉」と呼び，さなぎの時期に譬えた（山中，1978）。昆虫が幼虫から成虫になるという大きな変化を遂げるあいだには，さなぎの時期がある。さなぎは固い殻で覆われ，ときにはさらに繭に包まれている。その固い護りの中で，生体は混沌となり，生死をかけた大きな変化が生じているのである。

（2）アパシー

　思春期・青年期には，心をさなぎのようにしてひきこもるだけではない。外側からみるかぎりは，一見普通に生活をしているように見えて

も，心はすべてを遮断してしまっていることもある。行動として外側のものを拒否することはしないのだが，外から入ってくるものに心を動かされることがなくなってしまうのである。悲しみや怒りといった負の感情ばかりでなく，楽しい嬉しいという感情も無くなってしまったように感じてしまう。活気がなくやる気も出ない。思春期・青年期は，箸が転んでもおかしいくらい心は瑞々しく，様々なものに感動し，新しいことや知識を貪欲に吸収する時期であり，一生のうちでもっとも楽しめる時期であるはずである。しかし，彩りのある世界とは無縁であるかのように，ひとり灰色の衣を心にまとっているのである。

　思春期・青年期にもしそうした状態になっていたとしたら，私たちはどのように考えたらいいのであろうか。そのような状態に思春期・青年期にある者がなってしまうのには，色々な原因がありうる。思春期に入りたての子ども（小学校高学年ぐらいの子ども）がそうなってしまったら，まずはうつ病を疑うだろう。「うつ」は大人の病気ばかりではない。気分障害としての診断があてはまる子どものうつ病は，小学校高学年で100人に1人はみられるという。いっぽう，思春期真っ只中でそのような状態になってしまったら，うつも含めて何らかの精神疾患が隠れている可能性を慎重に見定める必要があるだろう。強迫神経症（第9章参照）のような状態があって心が疲弊しきっているのかもしれないし，最悪の場合，統合失調症の前駆症状かもしれない。はたまた，受験や塾で疲れ果てたり，慢性的に睡眠不足の状態にあるのかもしれない。

　青年期に入ってくると，ますます原因は多様になる。先に述べたような原因がすべて否定されたとしても，すなわち，何らかの心理的・生理的な問題があるわけではないとしても，無感動で塞ぎこみ，希望も楽しみもなく，一日さしたることもせず，無為徒食を繰り返す状態が生じることもある。日本では，先の東京オリンピックが開催された1960年代か

ら，無気力状態にある大学生（特に男子大学生に多い）の姿が目立つようになり，1970年代には，大学の学生相談やメンタルヘルスの重大な問題として，その病理や心理が盛んに論じられるようになった。

こうした青年の無気力状態は，アメリカでWalters（1961）により初めて臨床単位として報告され，「大学生に見られる，慢性的な無気力状態を示す男性に特有の青年期発達の障害」として，「ステューデント・アパシー」と名付けられた。アパシーは，やる気がなかったり快感情が消失したりする点でうつ状態にも似ているが，食欲の減退はなく不眠もみられない（むしろ過眠である）点がうつとは異なる。また，大学に行かないからといって遊び惚けているわけでもなく，とにかく何に対しても無関心となるため，怠学（怠け）とも異なる。重症なものには，不安感や焦燥感がみられることもある。アパシーは，特異な状態を示す大学生の診断分類として使用されていたものであるが，名称の広まりとともに，青年期特有の無気力状態をさす言葉として，広く使われるようになった。

アパシーに関しては，精神疾患としての観点から論じられることもあれば，青年期の発達上の課題として論じられることもある。さらには，現代社会との関連から，あるいは日本の母性文化という面から論じられることもある。アパシーは現代でも「ひきこもり」として形を変え，青年たちに引き続き継続している現象である。この点は，第3章で論じたい。

（3）モラトリアム

アパシーが慢性化した無気力状態であるのに対して，モラトリアムは一時的な状態として定義される。本書の第1章でも既に述べたように，モラトリアムとは，E.H.エリクソンが提唱した青年の心理社会的な状

態で，子どもでもない大人でもない境界状態にある青年が，まだ「見習い中」として一定の社会的責任を果たすのを猶予されている状態をいう。

エリクソンの考えによれば，青年はこの半人前の状態に負い目を感じ，早く大人になろうと努力するという。「自分も早く親方や師匠のようになりたい」とか，「一人前に稼ぎたい」と思ったりするというのである。しかし，ステューデント・アパシーがいわれるようになった頃から，少し様子が違ってきた。青年たちは早く大人になりたいというよりも，自分が何者でもない状態に積極的に留まろうとし，消費主体としていつも新しいものを追い求めていこうとするのである。精神科医で精神分析家の小此木啓吾は，このような青年を「モラトリアム人間」と名付け，大衆消費社会の青年の特徴として指摘した（小此木，1978）。

アパシーやモラトリアムという心理的状態は，しかしながら，現代的な消費社会の到来と必ずしも関連しているわけではなく，案外普遍的なものでもある。たとえば，夏目漱石が描く「高等遊民」の青年たちは，明らかにモラトリアム状態である。『それから』の主人公の長井代助に至っては，ほとんどアパシー状態である。漱石が描く青年たちと現代の青年たちの共通点は，経済的にそれほど食うには困らない状態にある一方，世の中の価値観や生き方が相対化してしまって，自分を賭けて何かに打ち込んだり没頭したりすることができない状態だということである。

モラトリアム状態にある人間は，自分が何者でもないことに決して安住しているわけではなく，心の深いところに持続する焦りがある。何かに素朴に没頭する者たちを冷笑し密かな優越感を感じながらも，何にも没頭できず前に進めない自分に強い劣等感をもっている。そこを突き抜けていくには，『それから』の代助が親から絶縁されても愛する三千代

を守り抜く決意をしたように，自分を保護するものから出立し，世間と対峙するほどの覚悟が必要であるように思われる。そのときにようやく，「護られる存在」から「何かを護り育てていく存在」へと移行し，青年から成人という新しいライフサイクルの段階へと至ることができるのである。

2．不登校

（1）不登校の定義と変遷

不登校とは，文部科学省の定義では「何らかの心理的，情緒的，身体的，あるいは社会的要因・背景により，児童・生徒が登校しない，あるいはしたくともできない状況にある者（ただし，「病気」や「経済的な理由」による者を除く）」とし，現在の学校基本調査では年度内に30日以上欠席した児童・生徒のうち，この定義にあてはまるものを不登校としてカウントしている。

学校にどうしても行けないという子どもは，昔から存在していた。戦後の混乱期からしばらくは，それに加え，学校をサボって長期欠席する児童生徒（いわゆる「怠学」）も少なからずいて，不良化の温床であるとして社会的な問題になっていた。また，貧困がゆえに学校に行けない子どもたちも少なくなかった。そうした現象が収束を見せ，現在のような不登校が精神医学や臨床心理学で着目されだしたのは1960年頃である。当初は，アメリカで報告されていた school phobia を日本語に訳した「学校恐怖症」という名称で呼ばれていた。いっぽう文部省（当時）は，学校調査においては「学校ぎらい」という名称を使用した。後にそれは「登校拒否」，さらに「不登校」という名称となって現在に至っている。

「不登校」という名称が使われるようになった背景には，この現象を

「学校恐怖症」のような精神病理学の観点ではなく，もっと一般的な不適応行動だとして捉えようとする前提がある。また，「学校恐怖症」という疾患単位や症候群としてではなく，「不登校」という行動に着目することで，さまざまな原因がありうる何らかの問題の「症状」として広く捉えようともしている。

　日本において不登校の事例が増加してきたのは，小学生・中学生ともに1980年頃からであり，その割合は2000年あたりからは小学生の約0.4％，中学生で約2.5％付近を推移している。不登校が目立ちはじめた当初は，親の育て方の問題や子どもの性格の問題，あるいは怠学として見なされることも多かったが，1992年に文部省の学校不適応対策調査研究協力者会議が「不登校は誰にでもおこりうるものである」という見解を出し，不登校に対する様々な方向からの支援が，行政でも民間でもなされるようになってきた。

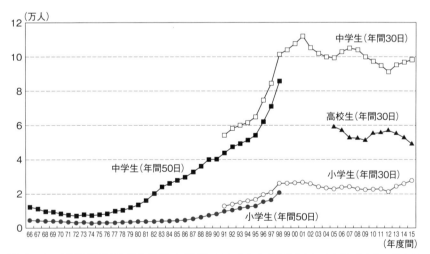

図8-1　**不登校の子どもの数の推移**（文部科学省「学校基本調査」「児童生徒の問題行動等生徒指導上の諸問題に関する調査」よりNPO法人フリースクール全国ネットワーク作成）

（2）不登校のタイプ

　不登校は，疾患単位でも症候群でもなく，行動的特徴としてのカテゴリーであるので，内実には多様なものがある。低学年に多いのは分離不安型の不登校である。「家」という自分にとって安心で私的な場所から，学校という社会的場面に移行することが不安であり，「お腹が痛い」「先生が怖い」「〇〇ちゃんが意地悪をする」などの理由を訴えて登校を拒む。行こうとするときには元気がないが，家にいるときには元気で友だちとも遊ぶ。いったん教室に入ると普通に過ごせるのに，無理に連れて行こうとすると激しく抵抗する。多くの場合は母親にしがみついて離れようとせず，安心するまで母親が教室で一緒に過ごさざるをえないこともある。

　分離不安の原因はさまざまで，愛着の基盤が十分に形成されておらず安心感をもてない場合もあれば，親が子どもの心の機微を捉えるのが上手すぎるため，必ずしも自分が中心ではなく他者とのずれや自己主張の必要が生じる学校という場所に適応できない場合もある。あるいは，母親が仕事で疲れ傷ついていることを敏感に感じ取り，母親が仕事に行くことを不安に思っている場合などもある。このタイプの不登校については，第13章で再度詳しく説明する。

　小学校の中学年（3年生～4年生）になると，不登校のタイプも多様になる。この時期は，すでに第3章と第4章で述べてきたように，前思春期に入って精神的に大きな変化があり，かつ，友だちとの関係も変わってくる時期である。チャムの関係を築くことができなかったり，友だちグループに入っていくことができなかったりする場合が多いが，原因として，発達障がいによるともだち関係の築きにくさがあったり，他者への配慮関係に開かれておらず自己中心的な心理的段階に留まっていたり，逆に早熟であったりするなど多様である。

いずれにしても前思春期には，子どもたちの凝集性が強くなってくるので，そこに入れなかったり排除されたりする状態が生じやすい。場合によっては，「いじめ」となり，それによるストレスや心理的傷つきが，不登校の直接的な原因となることもある。またこの時期は，摂食障害や強迫神経症などの疾患などの初発期でもあり（第9章参照），こうした精神疾患が原因の場合もある。

　小学校の高学年から中学校では，思春期・青年期のテーマと関連した不登校が目立つようになる。友だちグループに入れなかったり，排除されたりということが原因の場合もあるが，子どもの自己イメージや自己価値観という自己意識に関連した不登校もある。すなわち，人より劣っていると思ったり，自信を失っていたり，友人から疎外されていると思ったりといった，本人の意識に主たる原因のあるものである。この場合，発達障がいにより集団場面での傷つきが累積していたり，養育者との生育史上の問題が潜在していたりすることが背後にある場合もある。

　また，バーンアウトが原因である不登校もみられる。それまで優等生であらゆる面でがんばって「良い子」でいたのが，突然朝起き上がれなくなったり，腹痛などの身体症状が出たりする例である。わがままになったり子ども帰りしたりして，性格が変わってしまったかのように見える場合もある。さらに中学校くらいになると，無気力タイプの不登校もみられるようになる。すなわち，すべてが虚しく思え，努力しても将来が良くなると思えないなど，大学生にみられるアパシーが低年齢化したようにみえる。しかし一方では，自分が好きなこと，ゲームやマンガ，インターネットなどは楽しみ，昼夜逆転の生活パターンとなることが多い。

（3）不登校の心理臨床

　不登校は，多様な原因とタイプがあるので，一概に「このように対応していけばよい」とか，「こういう経過を辿る」とは言えない。不登校の数が少なかった1980年以前には，学校に行かないことを選択するのは，それ自体が相当にエネルギーを必要とするため，学校に行くことを拒否して自己探究をおこなう，いわゆる思春期内閉型の占める比率が相対的に高く，それをもとに不登校の心理臨床に関する理論と対応が構築されていた。

　しかし1980年あたりから校内暴力が激化し，「いじめ」事件が相次ぐ頃から，学校に対する社会的な不信が生じ，不登校という現象にさまざまな大人の思いが投影され論じられるようになった。たとえばそれは「学校の管理主義への反発」であったり，「学校に行くことよりも大切なことがある」という言葉であったり，「子どもの心の闇」という言葉であったりした。この頃から家庭にはエアコンや給湯器，ビデオや大型画面のテレビが普及し，家の間取りも広々としたものに変わってきた。家庭よりも最新で清潔であった学校の設備が，この頃から逆転してきたという事情も背景にある。

　また，不登校の様態が多様化し原因がさまざまなものになったにもかかわらず，「登校刺激は良くない」という思春期内閉型への対応方法が十分に吟味されないまま用いられることもあり，かえって長期化する例もみられた。もっとも，80年代から90年代にかけて不登校が増えてきたときには，学校へ行かないのは単なる「怠け」ではないかと認識されることも多く，不登校の子どもに，学校にどうしても行けないという固有の心理的意味があることを理解して，適切な対応をしていくうえでは，「登校刺激は良くない」という原則から出発することには意義があった。

　不登校のタイプにかかわらず，子どもが学校を休みはじめたときに

は，原因は何であるにせよ，すでに子どもたちは疲れてしまっている状態である。また本人は，友人関係，親との関係，教師との関係などにおいて，安心感や信頼感が希薄であることが多い。そして，学校へ行かない・行けないことの罪悪感，うしろめたい気持ちは，どの年代であれ必ずといっていいほどある。このときに無理に学校へ行かせることは，子どもたちの疲れを憎悪させ，対人関係や場への不信感を増してしまう。不登校の状態をまずは認めてあげることが必要であるというのは，その意味においてである。まずは一端休止の状態で，子どもたちの不登校がどのようなタイプであるのかを専門家に相談して見極め，適切な対応をしていくことが必要である。不登校を本人の問題だとして本人が心理的に変化したり成長したりすることに任せるだけでなく，家族が変わること，学校が変わることが必要な場合もある。

　いずれにおいても，学校の教師との信頼関係を築くこと，関係を絶やさないことは重要である。社会的な関係がいったん切れてしまうと，子どもにとっても親にとっても，再びつながりをもつのは，なかなか大変なことになるからである。

3．ひきこもり

(1) ひきこもりの定義と変遷

　厚生労働省が定義するところによれば，ひきこもりとは，「仕事や学校に行かず，かつ家族以外の人との交流をほとんどせずに，6か月以上続けて自宅にひきこもっている状態」であり，加えて「精神障害が第一の原因とは考えにくいもの」とされる。学齢期では「不登校」として扱われるが，状態としては「ひきこもり」であるケースも見られる。

　思春期・青年期のひきこもりの現象は，従来よりアパシーや退却性神経症という概念によって着目されてきたものであるが，これほど社会的

に注目を集めはじめたのは，ひきこもり層の長期化と高年齢化が目立つようになってきてからである。学業や生産労働に従事しないことから，いわゆる「ニート」とともに，社会・経済的な危機感とともに語られるようになったことも一因である。

ひきこもりと一口にいっても，その状態は多様であり，また同一人物であっても経過により状態は変わる。自室にひきこもり家族とまったく口をきかない，食事も家族とはせず，自室に差し入れられたものを食べたり，家族がいないときだけ部屋から出てきて，一人で食事をしたりする重篤なケースもあれば，自室から出て家族と顔を合わすこともあるが，会話はせず，家から殆ど出ないというケースもある。また，近所のコンビニエンスストアなどには主に夜間に出かけるものの遠出はしないケース，さらには，ふだんは自宅にいるが，自分の趣味に関する用事やイベントのときには比較的遠出をするなど，ひきこもりの程度に差がある。最後のケースは，「準ひきこもり」「ひきこもり予備軍」と呼ばれている。

内閣府の2015年の調査によると，15歳から39歳の「若者」のひきこもりは，推計で17.6万人，準ひきこもりも入れれば54万人と推計されている。40歳以上のひきこもりも多くなってきており，ひきこもりの長期化・高年齢化が問題となりつつある。実際，心理臨床の現場では，親が高齢化してひきこもりの子どもの将来を憂い，心理相談に訪れるケースが増加している印象がある。

（2）さなぎの時期の消失

昔に溯れば，ひきこもりは「世捨て人」や発心して仏門に入った人など，一定数存在していた。先に引用した『それから』の代助も，今でいう「準ひきこもり」である。また，昔話の『三年寝太郎』にあるよう

に，時代を問わず心理的な普遍性のある現象である。「ニート」が社会問題化されたことと同じように，ひきこもりも，少子高齢社会となった日本において労働可能な人口を無就業状態に置いておくことへの危機感から，対策が叫ばれている点もたしかにある。

現代は以前よりひきこもりが長期化して，それを支える家族が疲弊しているケースが増えていることは無視できない。かつて，思春期・青年期のアイデンティティの探求と関連した「思春期内閉型」のひきこもりでは，その内閉状態は精神疾患が疑われるほど強いこともあった。まったく自室から出ずにあらゆるものを拒否し閉じこもる状態があり，そこを過ぎると，自分の趣味や楽しみに没頭してエネルギーを回復し，それを窓口して社会とつながっていくという，まさに「さなぎの時期」とそこからの羽化という道筋が比較的はっきりとしていた。だが現在では，これほど明確なひきこもりが見られるケースはとても少なくなっている。

現在の「ひきこもり」状態にある青少年の多くは，夜になるとコンビニエンスストアに出かけていくことが多い。家族や直接対面での人間関係はほとんどないものの，インターネット上では他者との接触を長時間おこなっていたりする。また，ひきこもりにおいて趣味に没頭することは心理的なテーマと重なる重要な意味をもつことが多いにしても，アニメ等に没頭した場合，それを自分の心理的テーマと重ね合わせて探求するというよりも，次から次に出される商業主義的な物語に飲み込まれ，消費を続けているだけのことも多い。長期化すると，対人的な葛藤への耐性や柔軟性が低下して，暴力や怒りっぽさ，対人関係の極度の回避などを引き起こしてしまうこともある。こうして明確な状態の改善が見られぬまま，家族が疲弊していく。

(3) ひきこもりの心理臨床

　ひきこもりは，社会的な関係性からひきこもることで，自らをマージナルな状態におき，新たなアイデンティティの探索をおこなうという意味はある。しかし長期化すると，本人にも周囲の者にも出口が見えない辛い状態となってしまう。

　ひきこもりは，それが思春期・青年期において行われるときには，一種のイニシエーションとしての意味があった。イニシエーションの儀式において，社会的関係を剥奪され隔離された状態に置かれ，自分の中に生じている疾風怒濤の感情とつきあう術を身につけていき，新たな自分となっていくというプロセスがあるように，ひきこもりも，自分自身の中の新たな野生とでもいうべきものと向かい合っていくためには，必要な時間であろう。

　しかし，ひきこもりを巡る現在の状況は，とても騒がしい。ひきこもり状態は，すべての社会的定義を拒否したリミナリティにいる状態であるはずなのだが，そこに「ひきこもり」という社会的定義が与えられてしまう。ひきこもりをするにもそれを拒否するにも，社会的に取り込まれてしまう。また，ひきこもっていたとしても，自己に向かい合い自己を探求することができないくらいに，インターネットを介して，さまざまな人間関係や商業主義的な情報が次から次に入ってくる。それらを全て拒否してしまうのは，相当に力と覚悟がいることである。その結果，ひきこもったとしても，自分の中の疾風怒濤の新たな野生に向かい合う時間は乏しく，消費主体としての自分に違和感をもったまま，時間だけが長期化していくことにおちいる。

　これに加え，現代の社会では，大人になっていくのがますます難しくなっている。内閣府の「子ども・若者育成支援推進法」の定義では，40歳以下が「若者」とされるように，青年期は延長され，はてはその区分

さえ曖昧になってきた。現代では迷いと疾風怒濤を通り抜ければ落ち着いた大人になるかというとそれも難しく，探索の時期は長く続くようになっている。ひきこもりの長期化は，こうした社会的状況とも関連している。

　ひきこもりの心理臨床においては，その状態にある人たちが，どれだけ本来の自己探究のプロセスに心理的に戻れるかが鍵となっているように思える。何を自分は探そうとしていたのか，あるいは探そうとしているのか，世間がすべて NO と言ったとしても自分は何を守り通したいのかといったことを覚知していくことが必要である。同時に，ひきこもりの状態が長期化している場合，社会的スキルが低下していたり，自己価値観の低下を招いていたりする場合も多い。当事者のグループに，自分をオープンにして関わっていくことは勇気がいるが，参加することで，自分だけの孤独な闘いであったところに仲間を得たり，社会的な関係性のとり方を学び直したりしていくことにもなる。そして何よりも，社会とのつながりがあることの喜びを感じることが大切な場合が多い。

　人は独りでは生きられない。これはひきこもりの人々においても同じである。

引用・参考文献

小此木啓吾（著）1978『モラトリアム人間の時代』中央公論社

上山和樹（著）2001『「ひきこもり」だった僕から』講談社

Walters, P. A. (1961) Student apathy. In : Blain, G. B. *et al.*（eds.）*Emotional Problems of the Students*. Appleton-Century-Crofts, 129-147.
　笠原嘉，岡本重慶（訳）1975「学生のアパシー」石井完一郎他（監訳）1975『学生の情緒問題』文光堂

山中康裕（著）1978「思春期内閉 Juvenile Seclusion：治療実践よりみた内閉神経症（いわゆる学校恐怖症）の精神病理」中井久夫・山中康裕（編）『思春期の精神病理と治療』岩崎学術出版社

9 | 思春期・青年期と身体

《目標&ポイント》
・思春期・青年期における身体的変化がもたらす心理的影響，および，身体的変化に鋭敏になるこの時期の心理について理解する。
・身体的変化を体験する子どもへの大人の支援のあり方を考える。
・思春期・青年期からみられるようになる，身体にかかわる精神疾患の特徴と心理的力動を理解する。
・思春期・青年期における「性」「ジェンダー」のテーマについて考察する。
・性的マイノリティの思春期・青年期における心理的なテーマについて理解する。

《キーワード》 身体，第2次性徴，転換性障害，醜形恐怖，摂食障害，強迫性障害，自傷行為，ジェンダー，性同一性障害，性的マイノリティ

1. 思春期の身体的変化

(1) 身体的変化の様相と心理

　思春期には，自分の心が追いつかないほどのスピードで，体の変化が生じてくる。第2次性徴とよばれるものである。子どもの体から大人の体へと変化していくのであるが，それは決して本人にとって嬉しいというものでもない。「女性では，身体に丸みが……，乳房が……，初潮が……」，「男性では，ペニスが……，声変わりが……，夢精が……，髭が……」という記述は，子どもが思春期に入ったときに学校で教えられる教科書に出てくるが，そんなことをいちいち言われなくても，日々の

自分の身体の変化に否が応でも直面し，気にかけているのである。

体の変化が生じるその時期は，心の変化と揺れも大きいときである。もはや子どもでもなく，大人でもないマージナルな位置に立ち，その境界的立場から大人に対して反発を感じるようになるが，当の自分はどんどんと大人の身体になっていってしまうその戸惑いは大きい。心の定点を失い，身体の定点を失ってしまい，それを受け入れるのは，困難なことであって当然である。

思春期に大人の身体になっていく前，前思春期において，心のほうが先んじて大人になっていくのだということは，すでに第3章で述べた。しかし，心のほうが先んじて大人になるからこそ，身体の変化によりシビアに向かい合わなければならなくなっているという面もある。前思春期には，自分自身を対象化して捉える意識，すなわち自意識が急速に強くなる。自意識は，自分自身を対象化するという，自分から離れた視点を獲得すると同時に，自分をいつも見るようになるという，見る自分と見られる自分という新たな接点を生じさせる。離れることで自分に違和感をもち，違和な自分に囚われ続けるという構造を，自意識はそもそももっている。そしてまさにこの時期に，「自分」であるはずの（あるいは「自分」であったはずの）身体が，急に変わっていってしまうのである。

さらに前思春期では，時間の展望意識も出てくる。「いま，ここ」に埋もれていたそれまでのあり方から，将来を見つめ考えるようなあり方へと意識が変化していく。「将来を悲観して……」というのは，小学校の低学年ではまずないが，中学年あたりからなら十分にありえるのである。その時間意識をもったからこそ，思春期に入ってからの身体的変化は，これからずっと自分がつきあっていかなければならないものとして，重くのしかかってくる。

加えて，前思春期を通過すると，自分というものを友人との比較や関係の中で考えるようになる。ともだち関係が重要になってくるのである。身体的な変化についても，それが他の子より早過ぎても遅過ぎても，本人は気になる。子どもたちは，それぞれが自分の体の変化を受け止めていくのに必死で余裕がなく，それを受け止め難かったり恥ずかしかったりする。それゆえに，成長が早かったり遅かったりする子に対して，そのことを殊更に取り上げてからかったりする。このように自分を受けとめるのに余裕のない子どもたちのあいだでは，自分たちの身体的変化に関して話し合うことで，心の揺れをお互いに支えることなど，まず望めない。

（２）身体的変化への親の関わりの大切さ

子どもたちのあいだでの受け止めが難しいために，身体的変化が生じている子どもに対する大人の関わりは，重要である。子どもたちが，以前のように心を開いてくれるわけではなく，どこかよそよそしくなってきた時期には，大人のほうも，子どもに対して少し心が遠くなってしまうかもしれない。体に変化が生じはじめた子どもは，親とはいっしょにお風呂に入りたがらず，裸で歩き回ることもしなくなる。こうしたことから，親のほうも子どもの身体的な変化に気づきにくくなる。大人にとっての時間の流れはゆっくりであるため，大人にとって子どもは「子ども」のイメージのままなのだが，子どもの時間の流れは速く，大人が気づかないうちに大人になっていく。

子どもの身体的変化を大人が受け止めて支えてあげるためには，大人のほうにやり抜くべき心理的課題がある。まず何よりも，子どもの心理的・身体的な変化のスピードについていき，自らの子どもに対するイメージを柔軟に変化させていく心の柔らかさをもつことが必要である。

加えて重要なのは，親自身が自分の身体的変化をどのように受け止めているか，自分のセクシュアリティをどのように受け止めているかが問われるであろう。親が自分のセクシュアリティ，すなわち性的な感情や行為といったものを心理的に許容できていないと，子どもが大人の体になることに，戸惑いや嫌悪を覚えたりする。それは，親自身が自分の性的身体を受容できていないということである。

　心理臨床の場面では，自分自身をどうしても受け入れることができないテーマを抱えるクライアントが，「生理がきたことが母に知れたとき，『あんたも大人になったんか』と汚いものでも見るような目で見られた」というような傷つきの思い出を語ることは，案外多い。

　女性の場合は，とりわけ親からのサポートが必要である。身体にふさわしい下着を選んだり，月経への対応の仕方を学んだりすることは，親の助けがあってこそできることである。親が自分の性的身体を受け止めきれていないと，子どもにその必要が生じたときに，しばしば対応が遅れてしまう。また，子どもも親があまり良く思っていないということが何となく分かるので，親に言うことをためらったり隠したりする。こうしたことを一人で通り抜けていくことはとても孤独で不安であり，自分自身の性への受け止めばかりでなく，自己イメージや自尊感情にも影を落とす。

2．身体にかかわる精神疾患

（1）身体化される心の揺れ

　思春期には身体的な変化が生じるがゆえに，心が揺れるばかりではない。心の揺れが大きいがゆえに，身体へのさまざまな違和感や身体的な症状が生じてくるという，逆の方向もある。つまり，心の揺れや違和感が身体に投影されるのである。

思春期の敏感になった心は，ストレスも感じやすい。親との関係も以前より平穏ではなくなる。友だち関係も複雑になってくる。ぼやぼやしていると仲間に入れなかったり，悪口を言われたりすることもある。加えて，おしゃれに気を遣ったり，吹き出物やホクロがひどく気になったりするように，自分の身体が他の人にどう映るかに関心が向く。こうした状況の中で，前思春期以降には，それまでにはなかった精神的な疾患が生じる可能性がある。そのことを概観しておこう。疾患の分類や命名は，依拠する診断基準によって異なってくるので，ICD-10やDSM-5を参照しつつも，本章では臨床場面で一般的に使われる名称を使用したい。また，それぞれの疾患の様態を述べることにとどめ，その心理療法に関しては第10章で触れたい。

a）転換性障害

心で処理しきれなくなってしまった葛藤や不安が，体の症状に転換され，一種の身体的表現として出てくるものである。小学校の低学年では，不安や葛藤があると，「お腹が痛い」とか「頭が痛い」とか，あるいは下痢をしたりなど，素朴な体の症状として出てくる。これは，心身症と言われるあり方であり，葛藤や不安を言葉にしたり表現したりできないために，体がそれを肩代わりするのである。

転換性障害は心身症とは異なる。そこでの症状は周囲をもっと驚かせ，かつ，巻き込んで心配させるようなものが多い。たとえば，歩けなくなる（歩行困難），視野の一部が真っ暗になる（視野狭窄），声が出なくなる（失声）などである。歩行困難の事例は中でもとくに多い。他にも，過呼吸の発作（過換気症候群）がしばしば起きたりすることもある。また，日常生活に支障がでるほどの疼痛，目眩や吐き気が続くなど多彩である。これらの症状は，精密に調べてみても医学的には異状が見つからない場合が多い。古典的な分類では転換性ヒステリーと言われる

ものであり，感覚器官や運動器官に器質的な異状があるのではなく，その機能が障害されるものである。

　思春期のこうした転換性の症状は，一過性のものが多いのが特徴であるが，長く続いて本人も周囲も苦しむケースもある。その治療としては，一般には心理療法がおこなわれる。そこでは身体に転換して表現する以外の表現方法をさがし求めたり，心の中の葛藤や不安の解消がめざされたりする。あるいは周囲との関係性を改善したり環境調節したりすることもおこなわれる。

b）醜形恐怖（醜貌恐怖）

　思春期であれば誰しも，自分の容姿を気にしはじめる。しかしその度が過ぎて，客観的にみるとそんなことはまったくないのに，自分の身体の特定の部分を「醜い」と思い込んでしまい，心がそれにいつも囚われ，社会的活動の制限等のさまざまな不都合が生じるとき，醜形恐怖という精神疾患が疑われる。身体に関する受け止めにくさ，あるいは自分そのものに対する受け止めにくさが，身体の一部を「醜い」として否定することに置き換えられているものである。他者からみた自分への意識が強くなるという思春期特有のあり方も原因のひとつである。

　醜いとされる部位は，実にさまざまである。こだわりの程度も比較的軽いものから重いものまで幅がある。軽いものでは，鏡をしばしば見て気にしたり，化粧やヘアメイクを殊更に入念におこなったりするぐらいであるが，重いものになると，気になる部分を覆い隠そうとするあまり，他人がみると奇異な格好や化粧となったり，その部分を削りとろうとしたり，成人になると整形手術を繰り返したりということもある。DSM-5では，醜形恐怖は，そのこだわりの強さを主症状と考え，強迫性障害に分類されるようになった。

　醜形恐怖が，人からどのように自分が見られるかという「他者の視

線」を気にするのに対して，自分が他者を見ることがその人に不快感を与えるという，「自分の視線」を気に病む場合がある。これは自己視線恐怖と呼ばれ，やはり思春期に時折みられるものである。この場合，自分の自然な意志や思考に対する異和感があり，自分自身の心理的な境界（自我境界）があやふやで自分の内面が拡散してしまうという感覚を伴う自我漏洩感ともつながるため，統合失調症の前駆症状であったり，統合失調症に近い心的状態になっている場合があり，注意が必要である。

　これと同じ心性をもつのが，自己臭恐怖である。自分の腋や口が臭いと思い込んでしまい，そのことが人に不快感を与え迷惑をかけていると感じるものである。他にも，自分の便が知らないうちに漏れて臭っているのではないかと思いこんでいる場合もある。

（2）自明さの揺らぎと関連する疾患

　子どもたちは前思春期に自明な日常の世界が揺らぎ，「この世」ではなく「異界」への感覚に開かれる。「自分はどこからきてどこへいくのか」「この世界はほんとうに昨日と同じ世界なのか」と，それまでは当たりまえで疑いもしなかったことを考え，そのことを不安に思ったり恐れたりするようになる。こうした心の変化に関連し，思春期においてみられはじめるのが，摂食障害と強迫性障害である。摂食障害は圧倒的に女子に多く（男女比は1対20〜25），強迫性障害は思春期では男子に多い（男女比は2〜3対1）。

a）摂食障害

　摂食障害は大きく分けると，いわゆる食事を極度に制限するようになる「神経性食思不振（Anorexia Nervosa）」（いわゆる拒食症，制限型の摂食障害）と，極端に大量の食物を食べる「過食症（Bulimia Nervosa）」に分けられる。この他に，そのどちらにも明確に分類されにくいものも

ある。

　拒食症は，まさに10代の思春期に発症することが多い。あたりまえであった自分の身体のあり方に，ある日突然に，あるいは他者のささいな一言をきっかけに，異和感をもったり醜いという思いが出てきたりする。そして，体型や体重，体の一部の部分（ウエストまわりや太ももなど）が太るのではないかと異常に気にするようになり，それを阻止しようとして，食べることの拒否，過剰な運動，食べたものを強制的に吐き戻すなどの行為をおこなうようになる。栄養状態が不良になり，一種の飢餓状態になることで，そうしたこだわりはいっそう強くなり，過剰な活動に快を感じるようにもなる。どんなに痩せてもまだ太っていると感じるなど，自身の姿や状態に対する認知も歪んできて，生命に危険が及ぶことも多い。

　過食症は，20代に発症することが多い。一度に短時間に大量の食物を摂取し，それをリセットするために，強制的に吐き戻したり，下剤を多用したりする。過食症状から発症する場合もあれば，拒食症であったものが次第に過食症に移行する場合もある。過食症では，食べてしまったことや食べざるをえないことへの罪悪感が強く，大量の食べ物を隠し持っていたり，食べていないと嘘をついたり，人知れず手に入れようとして万引きをしたりする例もある。さらには，過食している自分を認められないあまり，過食をしているときを記憶していないという解離症状を伴うこともある。そして，過食をしてしまったという事実を知ったとき，その不安を解消するためにさらに過食・嘔吐を繰り返したり，自己嫌悪からリストカットなどの自傷行為に及んだりする。

　拒食症の場合は強迫的な観念や行為が目立ち，過食症の場合は行動化が目立つという特徴がある。食べ吐きを繰り返す場合，体重の極端な増加や減少がみられないため傍目には気づかれないことも多いが，身体の

電解質バランスが崩れていて、突然に意識を失ったり、また歯のエナメル質が嘔吐時の胃酸のために溶解していたりするという、身体へのダメージが生じている。

b）強迫性障害

　摂食障害が、自己イメージ、他者に映る自分に関連していたのに対して、強迫性障害は、自己と世界との接触面の軋みに関するものであると言える。強迫性障害は、思春期では男子にやや多いが女子にもみられる。これは、前思春期の心性に関連して、様々なことが「あたりまえさ」を失ってしまって、そのことを自分なりに理解しようとしたり、意味づけようとしたり、不安を解消しようとしたりして、不合理な観念や儀式的行為に囚われてしまうものである。強迫性障害は思春期ばかりでなく、成人してから生じることもあるが、その場合男女比は同等となる。

　強迫性障害のなかで思春期にもっとも多いのは、不潔恐怖と言われるものである。他人が触ったもの、他人が触った可能性があるものに対して、バイ菌がついていないかと極度に心配して外出できない、ドアノブなどを触れないなどの行動制限があるほか、手を丹念に長時間洗い続けるなどの儀式的な「清め」を繰り返したりする。強迫性障害は、心の内側の不安や世界への違和感が外側の対象に投影されたものなので、いくら儀式的行為を繰り返しても気が治まることはない。儀式的行為はますます入念で複雑なものとなり、日常生活に支障をきたすようになる。周囲の身近な他者に対しても、自分の納得いくやり方を強要したりするため、家族などが巻き込まれ疲弊することも多い。

　成人期での発症であれば、すでに自我や現実の検討機能が十分に発達しているので、自分の考えが不合理であるとわかっていたりする（それでも止められない）が、思春期の場合、自分の考えや感じ方を客観的に

捉えることが難しく，その思い込みには本人にとって生きるか死ぬかをかけた迫真性を伴うことが多く，その奇妙さを客観視することは難しい。また，思春期での発症は，発達障がいをベースにしたものもみられる。発達障がいの場合，もともと世界との軋みがあり，他の人にとって自明なことが自分にとっては自明でないことを意味づけようと苦労しているため，そこに思春期の心の揺れが加わると，心がバランスをとれる閾値を超えて，結果として症状を形成しやすいのである。

(3) 自傷行為

　自傷行為は，自分の身体を故意に傷つけたり加工したりする行為である。リストカットや身体の一部を切り裂いたり切除したりする行為のほか，過度のタトゥーやピアスなども含まれる。これもやはり思春期以降にみられるものであり，自己イメージの揺れと深くかかわっている。

　人類にとって，成人への仲間入りをするイニシエーションの儀式には，もとより身体を何らかの形で傷つけることを伴うことが多かった。たとえば，割礼であったり，入れ墨であったり，頭髪の切断などである。こうして子どもの身体を象徴的に壊したり，大人としての徴を身につけたりすることで，社会的・心理的な移行を助けるのである。この意味では，自傷行為は人類に普遍的・象徴的な意味合いもある。しかし，イニシエーションとしての象徴的行為が一回限りであるのに対して，自傷行為の場合は何度も繰り返されることからも分かるように，もはやそうした象徴性を失ってしまっている。

　精神科医の松本俊彦らがおこなった複数の調査結果をまとめたところによれば，中学生・高校生のおよそ1割に自傷行為の経験があり，生起率に男女で顕著な性差はないことが分かっている。なお自傷経験のある者のうち，実に半数以上が10回以上の自傷経験があるという（松本，

2009)。

　リストカットは，自分の怒りや悲しみといった負の感情を適切に処理することができず，かといって周囲に攻撃や怒りを向けることもできないため，自分を傷つけることで心の平衡をとり戻そうとしたり，感情をリセットしようとしたりするという行為である。また，自己処罰という意味合いも強い。もともと自尊感情が低く，自己イメージも否定的にある者が，心理的に追い込まれて，やむにやまれず自傷をしてしまう場合が多いのである。

　こうした自傷行為は，人に隠れてこっそりとおこなわれており，また，誰かがそれに気づいて指摘したとしても，本人は否定することが多い。重篤な事例では，強い希死念慮や自殺衝動があるのを，自傷行為でかろうじて留め，命をつないでいるという深刻な場合もある。あるいは，自分を傷つけることを周囲の関わりや反応を引き出すための手段として利用したり，他者に向けての表現としてなされている場合もあるが，こうした例はむしろ少数である。後者は，周囲との関係は比較的良好であること，自分の傷つきを表明すれば受け入れてもらえるだろうという周囲への信頼感が仮そめにでもある場合である。

　ピアスやタトゥーのような身体装飾は，それ自体はファッションやおしゃれの一部としてありうるものである。しかし，ピアスの穴を開けたりタトゥーを入れるために傷をつけたりすることに快を覚えるようになったり，リストカットの代わりや自己処罰の意味合いでおこなわれたり，繰り返しおこなっても心が満ちることなく，ますます頻度があがってしまう場合などは，やはり留意が必要である。

3．思春期のジェンダー

（1） 性同一性障害

　思春期になると，好むと好まざるとにかかわらず，いろいろな面で男性／女性という二分法を意識せざるをえなくなる。それは，急速に変化する自分の身体に直面するときであったり，「異性」に対する今までにない気持ちの動きを体験するときであったりする。たいていの場合は異性と一緒にいるのは気恥ずかしく，周囲からもからかわれたりするためもっぱら同性と友人になることが多い。

　社会生活の中においても，男女の区別がはっきりしてくる。学校では着替える場所が別々になり，体育のカリキュラムも男女で別々になる。それに先んじて，公衆の浴場では男性用と女性用のどちらに入るか，男性用・女性用のどちらのトイレを利用するかも決められてくる。大人に近づいていくということは，いずれかの性であることを，自分自身のアイデンティティとしても社会的なアイデンティティとしても求められるようになるということである。

　身体的・生物学的な性（セックス，sex）と心理的な性（ジェンダー，gender）が一致している場合はいい。しかし人間は，生物学的なあり方と心理的なあり方とが一致しないこともある。体の性と心の性とが一致しない状態は，性同一性障害と呼ばれる。性同一性障害は，精神的な疾患や異常ということではなく，人間の心は身体からの自由度をもつがゆえの，ひとつの可能性である。しかし，男性の体として生まれたならば男性として，女性の体で生まれたなら女性として生きるようにという，社会的な制度や慣習などからの暗黙の圧力があり，そうでない生き方をしようとすると，途方もない不便と困難が待ち受けている。そのため，何らかの理解と支援とが必要である。

思春期には身体がそれぞれの性の特徴をもつ形態に分化していくため，自分の心の性が体の性と一致しない場合，自分自身のアイデンティティに大きな揺らぎを体験してしまう。しかも，他者や社会からは身体の性別に従って扱われてしまうため，自分を対人関係や社会の中に位置づけることが難しく，社会生活を送るうえでもさまざまな困難に直面し，自尊感情が低下し自分に対して否定的になりがちである。ただでさえ思春期は性について親に話しづらい時期である。性同一性障害の場合はさらに自分の心理的性に関する気づきを誰かに打ち明けて必要な支援を引き出せないことが多い。また自分の心理的性に気づいても，成人年齢に達していないので，身体の性を転換する手術を受けるなど，積極的に心身の性を一致させるためのアクションも難しい。

 性同一性障害については，社会生活上の様々な不利益や問題を解消するべく，平成15年に「性同一性障害者の性別の取扱いの特例に関する法律」が議員立法により定められた。そして，平成22年に文部科学省より「児童生徒が抱える問題に対しての教育相談の徹底について」という文書が出され，学校現場でも，性同一性障害に係る児童生徒への配慮や対応がなされるようになってきた。つづいて平成27年には「性同一性障害に係る児童生徒に対するきめ細かな対応の実施等について」が発出され，対応の具体的な事項が示されるようになった。こうした動きは当事者にとっては大きな勇気と支えではあるが，実際にどうしていくか，現場での対応は遅れがちである。本当に性的同一性障害のあり方を理解し支えあっていくには，社会での捉え方が根本から変わっていく必要もある。

(2) 同性愛と両性愛

 「性的マイノリティ」あるいは「LGBT」として横並びの言葉で一括

りにされることが多いが，そのあり方やアイデンティティは多様であり，「性的マジョリティ VS.性的マイノリティ」として，単純な二項対立で語られるものではない。仮にLGBTというカテゴリーを使うならば，電通ダイバーシティ・ラボの2015年調査では，日本でのLGBTを自認する人の割合は，人口の7.6%と推計されている。この割合は，日本での左利きの人の割合，AB型の血液型の人の割合とほぼ同じである。

　同性愛（レズビアン，ゲイ），両性愛（バイセクシュアル）は，性的指向をもつ身体的性と心理的性とがたとえ一致していても，性的指向性（sexuality）が異性愛とは異なる場合であり，これらが「性的マイノリティ」の75%を占める。性的指向性が異性愛と異なることも，やはり思春期において，さまざまな心理的な困難を体験する。

　ソーシャルネットワークやインターネットのおかげで，同性愛の人がパートナーを見つけることは以前よりずっと易しくなり，また同じ性的指向をもつ人々のコミュニティも活発となってきた。しかし，思春期では，まだそうしたコミュニティには属していないため，恋人として実際につきあう対象を見つけることは非常に難しい。仮にコミュニティに属したとしても，大人から性的対象として搾取され傷つく危険性がある。

　このように，同性愛の場合，自分のセクシュアリティにもとづく対人関係の中で自分の性的同一性（セクシュアル・アイデンティティ）を成長させていくことに課題を残すことが多い。この傾向はレズビアンよりゲイのほうが強い。また，学校での性教育は完全に異性愛を前提としており，同性愛の人の性については触れられない。したがって，同性愛の場合，性に関する情報は，インターネット上の偏ったり誤ったりしている情報ソース等にも影響を受けがちである。

　同性愛の性的指向の場合，思春期では大多数が異性愛に夢中であるた

め，友人たちは同性愛に対して理解がないことが多く，残酷にも冗談のネタにしたり忌避したりすることも多い．したがって，同性愛傾向をもつ人は，いわゆる「カミングアウト」をして自分の性的指向を知ってもらったり，その話題を共有してもらったりすることも難しく，成人してパートナーを見つけることができるまで自分の思いを隠したままであり，思春期的な心性が残存することがある．また「自分は普通でない」と悩み，自尊感情が低下したり，自分と同じ気持ちをもつ人を過剰なまでに希求したりすることも多い．さらには，同じ性的指向をもっていても，本当はひとりひとり多様であるのに，「同じ性的指向をもつならば心から分かり合えるはずだ，同じ考えをもっているはずだ」という幻想をもち，そのことが逆説的に，お互いが分かり合えないという深い傷つきを生むこともある．

　古典的な精神分析の理論は異性愛を前提としており，同性愛はセクシュアリティの発達の途中段階として，いわゆる未発達な状態にとどまるのだと位置づけられていたり，精神医学では，一昔前までは性的倒錯として位置づけられたりしていた．このように，心理学においても，異性愛とは異なったセクシュアリティも含めた理論を構築していくことに遅れがあることは，認めねばならないだろう．心理学においても，これからの真摯な取り組みと研究が求められている．

引用・参考文献

American Psychiatric Association (2013) *Diagnostic and Statistical Manual of Mental Disorders : DSM-5.* American Psychiatric Pub.
　邦訳：高橋三郎・大野寛（監訳）2014『DSM-5 精神疾患の診断・統計マニュアル』医学書院

松本俊彦（著）2009『自傷行為の理解と援助―「故意に自分の健康を害する」若者たち』日本評論社

World Health Organization (1992) *The ICD-10 classification of mental and behavioural disorders : clinical descriptions and diagnostic guidelines.*
　邦訳：融道男他（監訳）2005『ICD-10精神および行動の障害―臨床記述と診断ガイドライン』医学書院

10 | 思春期・青年期の心理療法（１）
―カウンセリングと非言語的療法―

《目標＆ポイント》
・思春期・青年期の子どもたちへの心理療法の目的と意義について理解する。とりわけ成長・発達支援，目的論的な捉え方について理解する。
・親子並行面接の，子どもへの支援の意義，および親への支援の意義について理解する。
・思春期・青年期のクライアントとの関係性の構築のあり方について考える。
・非言語的な心理療法の種類と役割，意義について知る。

《キーワード》　親子並行面接，目的論的観点，表現療法，プレイセラピー（遊戯療法）

1. 思春期・青年期の心理療法の特徴

（１）思春期・青年期の心のテーマとの関連から

　思春期・青年期は，子どもから大人への移行期であり，心身にさまざまな変化が生じ，そのために多様な心理的な悩みや課題が生じうることを，前章で述べた。

　思春期・青年期は，ひとつの危機（crisis）である。crisis という言葉には同時に，決定的に重要な局目，物事の変わり目という意味もある。すなわち危機＝転機なのである。その人の「これまで」が集約され，

「これから」への入口に直面する。同時に，これまでどおりにはいかなくなるが，これからどうしたらいいのかまだ道が見つからない時機でもある。このように自己の存在が揺れるばかりでなく，一生のうちでいちばん鋭敏になっている心と感覚は，それまでは何ともなかったものにも痛みを覚え，ときには怒りを感じたりもする。

　苦しんでいるのは，思春期・青年期の子どもたちばかりではない。その周囲の大人たちも然りである。急に口ごたえをするようになって，粗暴になり，言葉づかいも変わってきた様子に戸惑い，突然学校に行かなくなったり，手を異常なまでに頻繁に丹念に洗い続けたりする姿に心を痛め，どんなに心をこめて料理を作っても決して口にしてくれないことに悲しむ。自分の育て方が悪かったのかと悩み，子どもへの対応を巡って家族で意見が割れ，険悪な雰囲気になってくる。誰も自分の味方をしてくれない。このように，思春期・青年期の子どもに，何からの心理的な問題が表れた場合，大人たちも決して平穏ではいられないであろう。

　思春期・青年期での心理的支援で考慮すべきテーマは，ライフサイクル上の他のどの世代の心理的支援よりも，複雑で多岐にわたる。本人や周囲の者を困らせ苦しめている症状や問題行動の緩和・解消が目指されるのはもちろんだが，その症状や問題が，本人の心身が成長発達するうえで出てきているものであるとして，これらの解決を通して成長していくことも支援しなければならない。また，どのように自分は生きたいのか，自分の生きる意味は何なのか，はたまた，なぜ生きていかねばならないのかといった，実存的ともいえるテーマに取り組むことも支援しなければならない。そして本人ばかりでなく，子どもたちと同じように戸惑い悩み苦しんでいる保護者への支援も必要なのである。

（2）親子並行面接

　思春期・青年期の心理療法では，親子並行面接のセッティングをとることが多く，また実際に有効である。親子並行面接とは，心理療法への支援を求めることになった直接の問題・課題を呈する子どもと，その親（保護者）の両者を対象として心理療法をおこなうものである。

　子どもを担当するセラピストと親（保護者）を担当するセラピストは，別々であることが多い。思春期・青年期の子どもたちは，親から心理的に独立する途上であり，また自分自身に固有の秘密や内面を育てていくことが大切なので，子どもを親と同じ担当者が担当した場合，子どもが安心して関係を築き自分を開示することが難しいからである。また後述するような，セラピストと親密で排他的なチャム的関係を築くことが重要な場合も多いからである。しかしもちろん，相談機関の条件（たとえば，その時間に担当可能なセラピストは一人しかいなかったなど）やセラピストの心理療法のオリエンテーション（立場・流派）により，さまざまなセッティングがありうる。同じセラピストが時間をずらして二人を担当したり，通常50分の枠を分割して両者に会ったりすることもある。また，子どもがセラピストを十分に信頼してくれるようになった後に，あるいはセラピストに力量がある場合は，同じ者が担当することもある。

　オリエンテーションによっては親子同席面接のセッティングを積極的に用いる。たとえば家族療法では，親子のコミュニケーションや関係性から当該の問題の発生機序を解明し，そこに介入して治療するので，同席面接は不可欠である。また力動的精神療法をおこなう立場であっても，セラピストの支えのもとで子どもが自分の思いや気持ちを表明し，それを親が知ることが大切であることから，同席を推奨する場合もある。

親子並行面接によって親への支援をおこなう意義は大きい。まず，親への心理的な支えとしての意義である。自分ではどうしようもない子どもの問題に直面したとき，保護者は慌て，不安を抱く。そのため，本来ならばできるはずの適切な関わりができなかったり，発揮できるはずの治療的な機能が働かなくなったりする。面接を開始することで親が心理的に支えられ安定すると，親自身がいろいろと工夫したり気づいたりして，親として自然に育む機能が働き始めることはよくある。

　親子並行面接の支援の意義のふたつめは，教育的な意義である。セラピストは子どもと週に1回50分しか過ごさないが，親はもっと多くの時間を過ごしている。なぜ子どもがそのような行動をとるのか，どのような心の動きなのか，どのように関わったらいいのかを，これまでの子育ての中でのエピソードや現に生じつつあることを題材としながら話し合っていく。そのことで子どもに対する親の理解が生まれ，適切な対応がおこなわれるようになり，親がいわば「家庭にいる共同治療者」として機能することが期待できるのである。たとえそこまで積極的な意義でなくとも，少なくとも子どもに対して逆効果となることを不用意にしなくなるであろう。

　親子並行面接の三つめの意義は，親自身への心理療法としての意義である。誰であれ，完成された人格となって親になるわけでもないし，認定証をもらって親になるわけでもない。何がしかの心理的な課題を残しながら，人生は進んでいく。親に相当の心理的なひっかかりがあったり，未消化・未達成な親の心理的課題があったりすると，子どもに過剰な期待をかけたり，逆に子どもを疎ましく思ったりして，本来の自然な親子関係が阻害され，親の育む機能が発揮できなかったりする。親子関係が問題となるとき，そこには，親自身の親との関係の課題が残存して影響を与えていることも多い。

子どもの心理的な問題について考えていくことをきっかけとして，自分の心理的課題へ取り組むことが，親自身がもっと人生を生き生きと自分を肯定して歩めるようになることにつながることは多い。親が自分自身を肯定して歩む姿になっていくことは，「もっとも身近な他者」として，子どもに励みと希望を与えるのである。

　また，親子並行面接には次のような効果もある。すなわち，親子が同時間で別々のセラピストに心理療法を受ける場合，親子が一緒に同じ場所にやってきて，一緒に帰っていくということが繰り返される，そのこと自体の意義である。親との親密な関係の構築が十分でなかった子どもの場合，その時間は親を独り占めできる貴重な時間である。また親にとっても気兼ねなく子どもを相手にすることができる時間であり，その中で自然な親子の関わりが育っていくことも期待できる。

（3）思春期・青年期のクライアントとの関係性

　心理療法にはさまざまな技法や立場がある。それらの中には，セラピストとクライアントの関係性を重視し，それをセラピーの重要な動因として据えている立場もあれば，それほど重視せず，単なる役割関係として考える立場もある。しかし，思春期・青年期での心理療法では，いかなる技法・立場をセラピストがとるにせよ，前提条件としてクライアントとの関係性を意識的に捉えておくことが肝要である。このことについて述べてみよう。

　思春期・青年期の子どもたちにとって，心理療法を受けることは，心理的になかなか受けつけにくいことが多い。小さな子どもであれば，そこが自分を表現できたり遊べたりする場であることが分かれば，来談する動機は何とか生まれてくる。成人であれば，ある程度の社会性を得ているので，セラピストを専門家としてそれなりに扱ってくれる。しかし

思春期・青年期の子どもたちの場合，大人に心理的距離をとり反発しているので，セラピストはややもすると胡散臭い大人にしか映らない。ましてや思春期では，小さな子どものように無邪気に楽しめるわけでもない。思春期・青年期にある子どもたちは，家にひきこもっている場合にしろ，何らかのことに没頭しているにせよ，自分なりの時間の使い方やエネルギーを向ける対象を強固につくっていて，「心理療法にやってくるよりも家でゲームをしていたい」となる。したがって，自分から望んで来談するのは稀であり，「親から無理やり連れてこられた」「行かないと親がうるさいので仕方なくやってきた」など，自らの来談動機には乏しいことが多い。

　そうした子どもたちに，いかに心を通いあわせることができるのかがセラピストにとっての重要な課題となる。とりわけ初回面接での出会いは重要である。心理的困難に陥っている子どもたちは，目の前にいる相手が助けになる人かどうかを嗅ぎ分ける驚くほどの鋭い勘をもっている。本当に自分のことを考えてくれているかどうか，この人は他の大人と違って自分のことを理解してくれそうかどうかを，子どもたちは瞬時に判断する。セラピストはこの関門を突破してこそ，その後の面接の継続が可能となる。

　思春期・青年期のクライアントと関係をつくるのが上手なセラピストは，どこかマージナルな位置にある人が多いように思える。自分自身が思春期的な瑞々しい感性を大切にしていたり，社会の堅苦しい因襲に違和感をもっていたり，異界に対する感覚に開かれていたりする。あるいは，考え方が柔軟で包容力があったりする。少なくとも，日常生活で「最近の若者は……」と顔をしかめたり，「若い者たちに教えてやらねば」，という心もちになっていたりしては，十分なラポール（関係）は築けないであろう。

思春期・青年期のクライアントとの心理療法では，クライアントは必ずこういう心の仕事をするとか，セラピストはこうした役割であるべきだといった，決まったことがなかなか言えないところに特徴がある。セラピストの年齢や特徴によって，どのような心理療法が展開するのかが異なってくるのである。セラピストも1年に1歳ずつ歳をとっていく。心理療法家になったばかりの頃は，思春期・青年期のクライアントにとってお兄さん・お姉さんぐらいの年齢であったものが，セラピストとしての経験を積み重ねるに従って，だんだんと自らが思春期・青年期から遠ざかっていく。気がつけばいつのまにか，クライアントのお父さん・お母さんぐらいの年齢になっており，そのうちおじいさん・おばあさんぐらいになる。こうしてセラピスト自身のライフサイクル上の位置が変わっていくことで，思春期・青年期のクライアントとの関係も異なってくるため，両者のあいだで展開する心理療法のテーマも異なってくる。

　例を挙げてみよう。思春期・青年期のクライアントで心理的問題を抱える場合，チャム的な関係を友人とのあいだでもつことに失敗していることが多い。したがって，セラピストとのあいだでチャム的関係をもつことに大いに意味がある。しかしそれは，セラピストがクライアントと比較的近い年齢である場合にしかできない。セラピストがクライアントの父母ぐらいの年齢になったときには，チャム的な関係は面接関係以外のところで展開されることになり，セラピストとのあいだでは，親との関係に関するテーマが布置されることになる。あるいは，親戚のおじさん，おばさんのような関係である。ライフサイクル上のどの関係が両者のあいだに布置されるのかを自ら意識しておくことが，思春期・青年期の心理療法を展開していくうえで重要なことなのである。

2．思春期・青年期の心理療法の観点

（1）行動の変容という観点

　思春期・青年期にかかわらず，いかなる年齢層を対象にする心理療法であれ，強迫神経症や摂食障害，自傷行為など，明確な症状が生じており，そのことで本人の健康や社会生活に不都合が生じている場合には，まずもって問題となっている行動の変容をめざすことが重要である。この場合には，認知行動療法，行動療法などが有効であることが多い。人間の行動はいずれも真空の中でおこなわれるわけではなく，ある状況のもとでおこなわれるものである。そして特定の状況では特定の行為をおこなうという状況と行動の結びつきがある。強迫行為，過食，自傷などの行為も，これらを生じさせている状況やそれに先行する刺激がある。また，その状況の中でそうした行為を引き起こすに至る，本人の状況の捉え方や考え方がある。不適応行動を自動的に生じさせてしまっている状況と反応との固定化した結びつきを解きほぐして，もっと自由で余裕のある捉え方や行動ができるようにしていくのが，行動療法や認知行動療法である。

　紙幅の都合でこれらの療法を詳しく紹介することはできないので，詳細で正確な説明に関しては他の科目もしくは関連図書を参照していただきたい。

（2）成長・発達の観点の重要さ

　成長・発達途上にある思春期・青年期の心の不調を理解するには，成人の病理のモデルでは不十分である。いったんできあがった心が不調になり機能不全になったというのではなく（その可能性もつねに心に留めておかねばならないが），心が成長していく過程で生じている問題であ

るという観点から，理解する視点が必要となってくる。

　思春期・青年期の心はまだまだ未完成であり，一生のうちでいちばん鋭敏になっているからこそ，さまざまな問題行動や症状を呈する。そればかりではない。クライアントがこれまでのあり方から変わっていこうとするがゆえに心身のバランスを崩して，問題行動や症状が出てきているのだという，成長へ向けての積極的な意義を考慮してみることも必要である。

　たとえば，思春期の子どもが学校に行かなくなってしまったとする。何らかの心理的問題や病理が原因である可能性を考慮しつつも，そこに積極的な意義を考えてみることも重要である。たとえば「学校に行くことをあたりまえと思っていた状態から成長して，学校に行く意味というものを自分なりに問いかけだしたのではないか」あるいは，「親を困らせて，親が真剣に考えることを引き出すことで，家庭のあり方を変えようとしているのではないか」と考えてみることである。摂食障害であれば，「母親が作った食事を拒否することで母親との心理的一体感から自立しようとしているのではないか」と考えてみることである。こうした観点は，目的論的観点とよばれる。

　何らかの不適応状態にあったり症状が出たりしているとき，子どもたちは，自分が何に対してなぜ苦しんでいるのか，分かっていないことが多い。暗中模索で前が見えない不安な状態である。「成長に向かっているからこそ苦しいのだ」という仮説は，セラピストから子どもたちに直接語られることはないにしても，セラピストがそのような見方ができていることは，何よりも子どもたちに接するうえでの余裕を生む。そして，「自分が向かう先をしっかりとセラピストは見据えてくれている」ということが，子どもたちには敏感に伝わっている。

　「かくかくしかじかの心の状態だからこのような問題行動や症状が出

るのだ」という原因論的にではなく,「かくかくしかじかの成長のための動きだ」として目的論的観点から捉えることは,あくまでも仮説的なものであり,実証できるようなものではない。しかしながら,心理療法のうえではそのように捉えることのメリットは大きく,また,心理療法として一仕事やり抜いたときには,確かにそれが正しかったと遡及(そきゅう)的に思えるものである。

(3) 家族の変容という観点

　思春期・青年期の子どもの心理療法(先述したように親子並行面接が多い)を通して,子どもばかりでなく親や家族も大きく変化することがある。それまで子どもは,家族のあるバランスの中に埋め込まれていたのであるが,思春期に入り心理的に変化していくと,その家族の鞘には納まりきらなくなり,家族との関係においてさまざまな軋(きし)みが生じる。そこで両親や家族もがんばって,一回り大きくなった子どもを抱えることができるようになったときには,家族も一回り成長しているのである。

　たとえば,不登校になった子どもを学校に行かせることに親が必死になっているのは,世間の目や自分の親や義理の親の目をひどく気にしているからかもしれない。そして,学校へ行くという通常ルートから外れると,もう人生は終わりで社会的な敗者だと思い込んでいるのかもしれない。そうした親自身の焦りから子どもを学校に必死に行かせようとしている例は多い。

　親面接の中で,「いっこうに事態が動かず,半ば投げやりな気持ちになりながらも『人間,自由に生きたらいいや』とふと思えたとき,気持ちが楽になって,初めて子どものことを認めてあげられる感じがした」という報告をきくことがある。そして,「振り返ってみれば,今まで自

分は回りのことばかり気にしていて、子どもの気持ちを大切にしてこなかった、心からかわいいと思えたことがなかった」という気づきや、「小さい頃から回りのことばかり気にして、自分の気持ちを大切にしてこなかった。自分が自分を大切にしてこなかったのだ」という声をきく。親がそのようなことを言い始めると、不思議なことに子どももぼちぼちと学校に行きはじめたりすることは多い。こうして主訴である子どもの不登校が解決した後、親の面接は、自分自身の振り返りや生き直しのプロセスにまで進んでいくこともある。

こうした例をみると、思春期・青年期の子どもたちがやり抜こうとしている仕事の大きさに感心させられる。自分の成長だけでなく、自身を護り包み込んできた家族の成長までも、無意識のうちに促そうとしていると思わざるをえない。

3．非言語的療法

思春期・青年期の子どもたちは、自分の心の動きを十分に言葉にすることが難しいことも多い。心の動き自体が今までに馴染みのないものであることに加え、心をモニタリングして言葉にする能力も十分ではない。壁に拳を打ちつけることでしか、思いを表現できないこともある。

したがって、思春期・青年期の心理療法では、言葉でおこなうカウンセリングばかりでなく、言葉によらない表現と「やりとり」、すなわち非言語的療法が用いられることも多い。「非言語的」とは、広い意味では、表情や仕種、態度、声の調子など、言葉以外でも感情や気持ちが伝わるコミュニケーションの位相をさすこともあるが、心理療法における非言語的療法とは、絵画や音楽、ダンス、箱庭などの、いわゆる「表現療法（芸術療法）」と呼ばれるものや、「あそび」を通してセラピーをおこなう「プレイセラピー（遊戯療法）」などのことを指している。

図10-1　箱庭療法の例（©読売新聞／アフロ）
さらさらの砂の入った砂箱に，アイテムを使って自由に表現していく。

（1）表現療法

　表現療法は，思春期・青年期のクライアントばかりでなく，成人にも用いられる。表現療法はイメージを表現するのに適切な方法である。言葉は，あいまいで多義的なものを表現するには向いていないことが多い。言葉が言葉として他者に伝達可能なものとして成立するには，文法や論理的な制約に従わざるをえない。実際，心に思い描いていることをなかなか伝えられない，言葉がもどかしくて伝えられない，ということはよくある。これに対して，絵画や箱庭，そして思春期・青年期のクライアントによく用いられるコラージュ療法は，言葉にすることが難しいイメージや多義的な表現を可能にするものである。
　絵画はどうしても上手い下手が気になるので苦手意識があることも多いが，これを重要な表現手段とするクライアントも多い。自分の心の中に浮かんできたイメージを視覚化していくと同時に，心にぴったりくる

表現を探しもとめ試行錯誤することで，イメージするものが次第にはっきりしてきて，自分の思いに気づいていく。あるいは表現すること自体にカタルシス効果があり，気持ちがすっきりしたりもする。いっぽうで，一から形態を作っていかねばならないハードルの高さもある。

それに対して，箱庭やコラージュは，ひとつひとつが意味をもった素材を組み合わせ全体の表現を創出していくので，比較的取り組みやすく心理療法の場面で多く使われる。絵画と同様，箱庭やコラージュも自分の心の中のイメージを外在化し視覚化するばかりでなく，その制作過程によって，イメージが変容・生成し豊かなものになっていく。箱庭の場合はひとつひとつのアイテム，コラージュの場合はひとつひとつの写真や切り抜きに接することで，心の中のイメージ自体が触発され展開していくのである。何となく心にとまったアイテムや写真を砂箱のうえや台紙に配置し，それにぴったりくる別のアイテムや写真を探して配置することで，自分では思いもしなかったような表現が生まれ，それが意外にも自分の心の深いところを表現してくれていたり，自分でも気づかなかったような新しい自分の可能性を示してくれていることがある。

(2) プレイセラピー（遊戯療法）

プレイセラピーは，「あそび」を通して自己表現やセラピストとのやりとりをおこなうものであり，どちらかというと思春期以前の子どもに用いられることが多い。プレイセラピーは，通常のカウンセリング用の面接室とは異なって，玩具やゲーム，スポーツ用具などが用意された広めの部屋（プレイルーム）でおこなわれる。一口にプレイセラピーといってもその内実は多様であり，ごく年少の子どもの場合は，室内用の滑り台やジャングルジム，ボールなどで一緒に遊んだり，砂場のある部屋で砂遊びをしたり，人形を使って遊んだりする。思春期のプレイセラ

ピーでは，いっしょに編み物やビーズアートなどの作品を作ったり，ジグゾーパズルをしたり，オセロや将棋，ボードゲームなどをおこなったりする。卓球やキャッチボールをしたりすることもある。

　クライアントは，こうした活動を通してセラピストとやりとりをおこなうのであるが，そこでのコミュニケーションのあり方は多様である。小さな子どもにとっては，体を使ってリズミカルに遊ぶこと自体にセラピー的な意義がある。また，怪獣などの人形遊びに託されて子どもの心の世界が展開し，そこにセラピストが関わることもある。思春期のプレイセラピーでは，作品を作ること自体が表現になるばかりでなく，面と向かっては話しにくいことであっても，パズルや作品制作など何らかの作業を介しながらであれば，リラックスして話すことができるという意義もある。また，ボードゲームや卓球などでは，通常のコミュニケーションでは相手に向けることができない攻撃的な感情や意地悪な気持ちを，あそびに託して表現したり放出したりすることができる。

　セラピストも，クライアントから言葉や行動で向けられたら到底我慢できないようなアグレッション（攻撃性）も，卓球やチャンバラなどの激しいやりとりを通してなら受け止めることができる。このように「遊び」として展開されるということ自体が，心理療法でいうところの「枠」として機能し，直接的な破壊的表現ではない，受けとめて関わることが可能で象徴的意味をもつ表現に開かれるのである。

　プレイルームでプレイセラピーをおこない，クライアントが自分の気持ちを適切に表現できるようになると，遊びを通した表現から言葉を通した表現へとセラピーの中心が移っていくことも多い。たとえば遊んだあとに，座りこんで話をするということが増えてくるなどの変化である。青年期のクライアントになると，さすがにプレイセラピーをおこなうことは殆どなくなり，言葉を介した心理療法や表現療法が主となって

くる。しかしそれでも，青年期のクライアントの場合，セラピストにはプレイセラピーと通ずる「プレイフル」な心持ちが大切である。

引用・参考文献

岩宮恵子（著）2009『生きにくい子どもたち―カウンセリング日誌から』岩波書店
河合隼雄・山王教育研究所（著）2005『遊戯療法の実際』誠信書房
日本遊戯療法学会（編）2014『遊びからみえる子どものこころ』日本評論社
田中千穂子（著）2011『プレイセラピーへの手びき：関係の綾をどう読みとるか』日本評論社
山中康裕（著）1978『少年期の心―精神療法を通してみた影』中央公論新社

11 | 思春期・青年期の心理療法(2)
―発達障がいの心理療法―

《目標&ポイント》
・発達障がいをもつ思春期・青年期の子どもの心理的な課題と,それに対する支援のあり方について学ぶ。
・発達障がいをもつ思春期・青年期の子どもへの心理療法について,力動的アプローチ,行動療法的アプローチ,集団療法,支援グループなどの多様な支援方法の特徴と意義について理解する。
・学校での特別支援教育の意義と現状について理解する。
《キーワード》 発達障がい,集団療法,力動的心理療法,行動療法的アプローチ,特別支援教育

1.思春期・青年期と発達障がい

(1) 思春期・青年期に生じてくるテーマや問題

　思春期・青年期は,心理的・身体的にも大きな変化が急激に生じ,それまでつくりあげてきた「子ども」としてのまとまりがいったん崩れる時期である。それに加え,情緒面でも新たな衝動や感受性が動き始める時期でもある。定型発達の子どもでも,思春期・青年期を乗り越えるのはなかなか大変であるのだが,ましてや,自己調整や周囲との調整にもともと苦労している発達障がいの子どもたちがこの時期を乗り越えるのは,さらに大変なことである。

たとえば抑制機能が脆弱な場合，思春期には衝動的な行動，落ち着きのなさ，反抗的な態度などが極端に現れることがある。逆に，極端なひきこもりや社会的交流からの退却などがみられることもある。軽度の発達障がいの場合，児童期まではこれといって気になる特徴はなかったのに（もちろん，遡及的にみれば，「そういえば子どもの頃から……」という語りはあるが），前思春期，思春期あたりで急激に周囲の対応が難しくなり，発達障がいと診断されることもある。

こうして思春期に発達障がいが表面化して発見されたとき，親のとまどいは大きい。幼少期から発達障がいの特徴が明確に出ている子どもの場合，子どもは療育にかかわったり，親のほうも親グループでのつながりや支えあいがあったりして，障がいへの関わりと受容が進んでいる例が多い。しかし，思春期で発見された場合は，親はそのことをにわかには信じがたく，また，相談できる相手がおらず孤独を感じる。また，発達障がいであることを信じるかどうか，それを前提として支援をしていくかどうかに関して，家族間や夫婦間で意見が割れることもある。

衝動のコントロールの難しさばかりでなく，他者の心情の理解が難しいタイプの場合，好意を寄せる異性がどう感じ，どう思うかに対する想像力が及ばず，一方的につけ回したり，不適切な距離と頻度で接触したりしてトラブルになることもある。また，感情や心情でのつながりや充足感が得られにくいために，身体的な性的刺激に強迫的に没頭してしまうこともある。

思春期・青年期における発達障がいをもつ人の困難さは，なかでも対人関係に現れてくることが多い。第2章と3章で，前思春期にはチャム的な関わりを通して，思春期には仲間集団での親密な関係を通して，アイデンティティが作り上げられることを述べた。自閉スペクトラム症の子どもの場合，そうした「ともだち」との関わりに困難さが生じる。

チャム的な関係は，お互いの暗黙の了解のようなものを基にした，排他的な性質ももつ関係であった。チャム的な関係では相手への想像力や配慮が重要な意味をもち，またそれが育まれていくのだが，自閉スペクトラム症の子どもの場合，その関係から排除される側になってしまうことが多い。どんなに本人が努力しても一方的な関係になってしまったり，身勝手で配慮に欠ける幼い行動のように思われたりしてしまったりして，なかなか親密な関係が築けないのである。

思春期のともだち関係では，集団の凝集性を高めるために特定の子を排除したり，あるいは，自分が排除のターゲットにならないために他の子を排除したりすることも多く，いじめの対象にされてしまったりすることもある。

（2）隠れた問題としての発達障がい

心理臨床場面で出会う発達障がい傾向のある成人のクライアントには，小学校の3年生から5年生ぐらいまでのあいだに，仲間外れにされたりいじめを受けたりした経験をもつ人が多いことに驚かされる。大人になった現在の対人関係の問題や学校や職場での不適応が，来談する直接の主訴になっているのだが，生育史を聞いていくと，前思春期あたりから対人関係の問題につきあたっていた例が多く，その影響にはかなり深刻なものがある。

それは，発達上の適切な時期にチャムや仲間との関係を築くことができなかったという意味ばかりではない。自分がどんなに誠意をもって接しても，周りからみるとちぐはぐでからかいやいじめの対象になったり，自分にとって重大なことが周りの子どもたちにとってはどうでもよかったりするという周囲とのズレに反復して晒され，自分に自信がもてなくなったり，孤独を感じていたりするという意味からでもある。そう

した孤立の感覚から，自己価値観や自尊感情が著しく低下してしまっていることが多い。これにいじめの体験が加わった場合には，ますますその傷つきは大きく，他者に対する不信感や怒りが潜在する。その怒りが行き場を失い自分に向けられることで，衝動的な自傷行為を繰り返すこともある。

　自閉スペクトラム症の場合，心理的な傷つきがトラウマ的な記憶として残りやすい傾向がある。経験を文脈化したり意味づけたり，抽象化したりすることが苦手で，感覚的な記憶のシステムを強化する形で対処してきたために，いじめを受けたり傷ついたりした経験の記憶が消化されたり変容したりせずに，そのままの形で累積してしまうからである。私たちは通常であれば，辛い経験を次第に忘れたり，『小倉百人一首』歌人の藤原清輔が「憂しと見し世ぞ今は恋しき[*1)]」と歌ったように，時間が経つことで記憶の意味づけは変わったりしていく。しかし自閉症スペクトラムの人がもつ記憶システムでは，そのときのことが加工されない生の形で記憶され，非常に鮮明に思い出されてしまうのである。これはトラウマの記憶と同じ構造であり，想起することは，一種のフラッシュバックとなる。フラッシュバックは，想起というよりそのときの感情や恐怖を伴うその場面の再体験である。そのためフラッシュバックをくり返すたびにますます心へのダメージが大きくなってしまうこともある。

　自閉スペクトラム症の人たちが，過去の些細とも思えることにこだわって，そのことから気持ちが抜け出せなかったり，過去のことに対する怒りを持続させたりすることがあるが，これは当人たちの記憶システムの特徴上，十分にありうることであり，たとえ私たちにとって些細なことでも，本人たちにとってはそれほど苦しい体験であることを理解しておきたい。

---

*1）ながらへば　またこのごろや　しのばれむ　憂しと見し世ぞ　今は恋しき」
　　訳）もしこの世に生き永らえていたら，つらい今をなつかしく思うこともあるのだろうか。かつてつらかったあのときも，今思い出せばなつかしく思い出されるのだから。

ひきこもりの事例の4分の1には，何らかの発達障がいの疑いがあるという報告もある。また第4章で述べたように，境界性人格障害と診断された大人たちの中にも，もともとは発達障がいがベースにあり，そこに二次障害が加わることで人格障害のような行動パターンを示すに至った例も多い。対人関係の距離のとり方の難しさ，激しい怒りや衝動的な行動などは確かに人格障害の特徴を思わせるが，人格障害のように人を作為的に巻き込んでいこうという感じは薄く，至って真面目であるがゆえの怒りや裏切られ感などをもっているところが，人格障害との違いを感じさせる。心理療法が進み二次的な障害に起因する症状が軽快していくと，発達障がい的な特徴が明瞭に出てくることも多い。

　また，双極性障害として診断されたクライアントの場合も，実は発達障がいがベースにある事例に出会うことも多い。長期的な対人関係の困難さによる抑うつ状態が基本となっているが，時折元気が出たときにとる行動がちぐはぐであったり，怒りが極端に出たりすることから，双極性障害の躁の状態としてみられるからである。この場合も心理療法が進展すると，発達障がいとしての特徴が出てくることが多い。

（3）発達障がいの支援

　ここまで述べてきたように，発達障がいの思春期・青年期のテーマは，発達上のテーマ，心理的なテーマ，社会的スキルのテーマなど多岐にわたり，それらがいずれも密接に絡み合っている。発達上のテーマに関しては，その認知や社会性の発達の特徴に合わせて，能力を伸ばすためのトレーニングをおこなったり，発達上の特徴に応じた課題解決の方略を工夫したりすることなどが目指されるであろう。子どもたちにとって学校での学業が円滑に行われることはとても大切であり，学習支援とも関わることである。心理的なテーマに関しては，累積した対人関係で

の傷つきの緩和，低下した自己価値や自己イメージの修復，自己の感情を制御しモニタリングする能力の向上などが課題となる。そして社会的スキルのテーマにおいては，コミュニケーション能力の向上，他者の動機や内面の理解や共感性を育てること，適切な自己主張ができることなどが目指されるとともに，日常の生活の仕方の工夫などもテーマとなろう。さらには，日常生活を円滑にしてストレスを低減したり，日常生活の中でのスキルを育てていくため，本人と家族に対してのコンサルテーションがおこなわれたりもする。

　それらは，個人療法でおこなわれることもあれば，集団療法でおこなわれることもある。個人療法の場合は，1対1の関係で，それぞれの特性に応じた方針が工夫され，人間関係の基盤となる二者関係を育てていくことができる。たとえば，幼少時の親子関係，前思春期のチャムの関係などに対応する関係性が治療者とのあいだに築かれ，発達的な課題を治療者とのあいだでやり直していくことが期待できる。

　集団療法の場合は，三者関係やグループや仲間との関係，それぞれのメンバーの差異と同一性を通して，自己認識を進めたり，他者のスキルや資質を模倣し取り入れたりしていくことなどが期待できるだろう。個人療法と集団療法のいずれもが必要であり，それらが並行される場合もあれば，当初は個人療法で基礎的な人間関係を育て，そこから三者関係のテーマが出てくる集団へ移行していく場合もある。いずれにしても，個人の特徴や事例の経過を丹念に辿りながら行われていくことが望ましい。

2．発達障がいの心理療法

(1) 力動的心理療法

　力動的な心理療法は，主に個人療法を通して心理的テーマに対して働

きかける方法である。

　力動的な心理療法は，二者関係をもとにおこなわれる。集団では浮いてしまい十分な人間関係を築けない場合でも，受容的なカウンセリングにおいては親密なコミュニケーションができ，それ自体がコミュニケーションのトレーニングの場となりうる。また，思春期・青年期の発達障がいのクライアントの場合，それまでの人間関係でのさまざまな傷つきにまつわる思いを整理したり，共感してもらうことで自分を回復したりしていくという面もある。

　前思春期に十分なチャムの関係が築けなかったり，同性のともだちが得られずアイデンティティに不全が生じている場合，セラピストがともだち関係の代理として機能する場合がある。クライアントと同性で比較的年齢の近いセラピストとの場合にそうした関係が築きやすく，クライアントのものの考え方や口調，服装や髪形などが，自然とセラピストに似てくる場合もある。すなわち，セラピストをひとつのモデルとして同一化し，セラピストを取り入れることで心理的な成長がみられるのである。

　筆者は，力動的心理療法を専門におこなっているが，自閉スペクトラム症の思春期・青年期での心理療法では，他の年齢層やタイプでの心理療法における場合とは，いくつか異なる原則がみられるように思える。この点についてまとめてみよう。

　第一には，セラピストが自己開示することの意味である。通常，心理療法においてはクライアントがセラピストに対する想像を自由に展開することができるよう，セラピストは自分がどんな人間であり，どんな考えをもっているかという自己開示は，あまりしない。セラピストがどんな人間であるかがはっきりしないからこそ，クライアントは色々な思いを巡らせ，自分の思いを投影することができ，クライアントにとっての

基本的な人間関係のパターンや捉え方が関係の中に布置される。これが転移と呼ばれる事態である。

　転移のための自由な空間を残し，その転移をもとに心のありようを探求していくことを重視するのが，中立性や匿名性の原則と呼ばれるものである。しかしながら，自閉スペクトラム症の思春期・青年期の心理療法では，クライアントがそうした曖昧な関係性に耐えられないことも多い。また，自分の心的イメージの投影なのか，相手がもつ性質であるのかを区別することが難しいことも多い。すなわち，クライアントが投影しているイメージが相手の性質ではなく自分の心の中のイメージであると捉え直すことが難しいことも多いのである。そのため，あまりに杓子定規に匿名性の原則を保つとクライアントの不安が必要以上に高まってしまい，その後の困難な道のりを二人で歩んでいくために必要な良好な関係（ラポール）が形成しにくい。そこで，セラピスト側が自分がどんな人間であるか，どんな思いであるのかを，ある程度開示していくことが必要な場合がある。自己開示の必要性には，別の意味もある。それは，クライアントは，セラピストが自分のあり方を示してこそ，セラピストに同一化したり取り入れたりして成長していくことができるということである。

　自閉スペクトラム症の思春期・青年期の心理療法で大切な第二の点は，内界ばかりを探求するのではなく，現実的なことや外在的な事実について話しあうことが重要な意味をもつということである。自閉スペクトラム症の心理療法においてイメージ療法をおこなうと，その豊かな内界表現に驚かされることが多い。しかし，本人たちが苦しんでいるのはむしろ現実との接点であって，現実をどのように捉えるのかについて，具体的な物事をもとに話し合っていくことが大切である。

　このように外在的な事象を話題にしていくことは，標準的な面接とい

う観点からは，内面に触れない浅い面接であると評価されてしまうかもしれないが，実はとても重要なことである。自閉スペクトラム症の青年たちは，外在的な事象が話題になることを通して，そうした事象に対してどう考え，どのような態度をとったらいいのかをひとつひとつ学習していく。また，それに対する自分の思いをどのように表現し，どのように伝えたらいいのかを学んでいく機会が与えられる。

　こうした具体的な対象に関して話し合うことは，「向かい合った（face-to-face）」関係ではなく，「横並びの（side-by-side）」関係となる。この関係のとり方は，同じ対象を共にめざす三項関係をもとにした，「共同注意（joint attention）」の関係である。共同注意は，発達において，共感をもったコミュニケーションが育っていく基礎である。同じものをまなざして，それに対するそれぞれの感じ方や感覚を共有しあうことで，他者のものの感じ方や感覚を学んでいくとともに，自分の感じ方や感覚を受け止め理解してもらうことで，心的発達につながるのである。

　自閉スペクトラム症の心理療法が標準的な力動的心理療法と異なる第三の点は，セラピストがクライアントに先んじて言語化していくことも重要であるということである。通常のカウンセリングでは，セラピストはどちらかというと待ちの姿勢で，クライアントが自分の心情や思いを言葉にしていくのを辛抱強く待つ。クライアントが自ら表現していくために自問し考えていくことを重視するので，沈黙の時間も重要である。だが自閉スペクトラム症の心理療法の場合，クライアントは自らの思いを言葉にしていくのが苦手な場合が多く，そうした場合の面接中の沈黙は，クライアントにとっては耐え難い苦痛の時間となる。

　心情や考えとは，その実体がもともとあって，それを言葉に移しかえていくようなものではない。言葉をもつことによって自分の心情も彫

琢（たく）され明確になり，また考えも整理されていくのである。セラピストは，クライアントのまだ未分化な心情を推測し，それに先んじて「それはこういうことかな」と言葉を与えていくことが大切になってくることが多い。幼児の言語や感情の発達過程では，未分化な漠然とした感覚に対して，周囲の者がその状況から推察して「痛い」とか「かゆい」とかいう言葉を与えることで，そうした感覚が分化していくと言われているが（丸田，1989），このことをまさに心理療法の中で再体験していくのだとも言える。

（2）行動療法的アプローチ

　発達障がいへの支援において，近年盛んにおこなわれているのが，行動療法的なアプローチである。このことについて次に述べてみよう。

　発達障がいは脳の機能障害であり，その特徴的行動は，たしかに脳という生体の中の情報処理系に原因があるものである。しかし，いかなる行動も，ある環境の中で生じるものであり，またそこには行動をとりまく対人的な環境がある。

　たとえば子どもが自分の思い通りにならずパニックを起こすとしても，その「パニックを起こす」という行動は，何らかの状況や原因に関係なく生じるのではなく，ある場面やある状況の中で生じるものである。また，パニックをおさめようとしてあの手この手で関わる周囲の者との関係も，そこにはある。さらに，子どもたちは，与えられた刺激に単純に反応しているのではなく，これまでの環境や対人的な関わりの中で，その刺激や状況に対してどのように反応し対処するかを学習しており，そのときにとる行動は後天的・経験的に形成されているのである。そこで行動療法においては，本人や周囲にとって望ましくない不適切な行動に結びついている環境的・対人的な要因を減らしたり，行動とそれ

らの要因の結びつき方を変えたりして，代わりに，より社会適応的な行動を引き起こす環境や対人的相互作用を作り上げ，望ましい行動への変容をめざそうとする。

　行動療法的アプローチといってもいくつかの種類があるが，中でも日本で近年広まっているのは，TEACCHとABAである。この2つについて簡単に説明したい。

　TEACCHとは，Treatment and Education of Autistic and related Communication-handicapped CHildren（自閉症およびそれに関連するコミュニケーションに課題を抱える子どものための治療と教育）の頭文字をとったものである。これは，自閉スペクトラム症の子どもばかりでなく，思春期・青年期，さらには成人にも効果をあげているプログラムである。

　TEACCHでは，発達障がいの人が自ら意味づけて，自ら行動を選択できるような環境の構造化をめざす。人間は環境に対応して行動していくが，その環境をどのように解釈し，どのような手順で対処したらいいかわからないときに不安になる。発達障がいの人は認知の仕方に特徴があるので，定型発達の人の理解の仕方に沿って作られた場面や状況では，どのようにしたらいいかが掴めずに，パニックを起こしたり，不適切な行動をしてしまったりする。したがって，発達障がいの人の認知的特徴に合わせた環境の構造化・設定をすることを基本に置く。とりわけ，耳で聞いたことを順序立てて理解することが難しいことが多いので，手順や指示等をイラストや写真を用いて伝えたりする（視覚的構造化）。また，行動を切り換えることを容易にし，特定の行動を集中しておこなえるよう，生活環境を仕切ったり区切ったり，家具の物理的な場所を工夫したりする（物理的構造化）。どのような構造化が適切であるかは，個人差があり，また同じ個人でも発達段階に応じて異なってく

る。発達障がいの人にとって最適化された環境をつくっていくことは，きわめて個別的で発見的な過程であるため，生活の全般にわたって，そして生涯にわたって継続し，当事者と協同していくことが理想である。

　TEACCHと並んでよく用いられているのが，ABA（Applied Behavior Analysis，応用行動分析）である。ABA（応用行動分析）は，発達障がいの子どもの問題となる行動が形成され固定化している環境的要因を分析して，その環境と行動との結びつきを変化させることで問題の解決をめざす方法である。発達障がいの子どもは，手順や活動の順序にこだわりがあり，それが満たされないとかんしゃくを起こして周囲の人を困らせたり，場合によっては自傷行為をしたり，特定のことに没頭したり依存しすぎたりして，生活や活動の範囲が制限されることがある。こうした行動は，小さな子どもばかりでなく，ひきこもっている発達障がいの思春期・青年期にもみられるものである。このような行動が継続したり，極端になったりした場合，周囲の者は関わることを忌避したり，本人は他の行動の学習の機会を失ったりと，双方にとって不利益となる。ABA（応用行動分析）は，本人にとっても周囲の者にとっても，生活上の困難を減らし，より自然な相互作用が生まれるように支援する技法である。

　たとえば，クラスの中で授業中にわざと声をはりあげたりして授業を乱す子どもがいて，教師は対応に困っていたとしよう。その場合，その子が声をはりあげると先生が注意することが繰り返されているとしたら，そこには，声をはりあげるという「行動」をすれば先生にかまってもらえるという「後続事象」との結びつきができてしまっている。すると子どもは，かまってもらいたい欲求があればますます声をはりあげることになるだろう。

　学校場面でしばしばみかけるのは，前思春期の発達障がいの子ども

が，他の子のつながりの中に入れず浮いてしまうため，せめて教師とのつながりを求めてさまざまな手段で教師の気を引こうとする様子である。その行為は集団を乱すものであるため，教師からは注意を受ける。だが，子どもは注意されることで教師に関わってもらいたいという欲求を満たしている。これは悪循環である。この場合，子どもをやっかいだと思う気持ちが教師のほうにも出てくるので，子どもがおとなしくしていて手のかからないとき，教師はほっとして声をかけたり関わったりしない状況が同時に生じている。そうなると子どもは，「おとなしくじっとしている」行動をした場合は，先生にかまってもらえるという結果を引き出すことができないので，その行動は次第に消去され，「授業を乱して気をひく」という行動が強化されていくことになる。

こうした場合，ABAでは「声をはりあげると教師がかまってくれる」という行動と後続事象との繋がりをほどくところから始まる。声をはりあげても教師は応答しないことを対応の基本とするが，この場合，子どもはますます気を引こうとしてその行動が悪化することがある。その場合，たとえば教師以外の人が別室に連れて行き泣き止むまで待ったり，教師が関わっていく中で子どもに適応的な行動（たとえば自ら感情を制御しようとする動き）があったら，それを褒めて強化していくことなどをおこなう。普段，手がかからずおとなしくしているときにこそ，子どもは自分を制御しているので，子どもに積極的に関わり褒めていくことが推奨される。

行動療法的なアプローチは，力動的なアプローチに比べて具体的で，生活や活動の場面で使用でき，また，支援者の側も理解しやすいというメリットがある。しかし，状況を的確に分析すること，現在の環境－行動のつながりの代替となるものを提示することには，やはり専門的な知識と創造的な試行錯誤が必要であり，専門家からの支援があることが望

ましい。そして何より，専門家と子どもに直接に関わる者たちとが共同して，発達障がいの子どもを理解しようと努める態度が醸成されることに意義がある。

3．集団の中での支援

(1) 特別支援教育

子どもたちにとって学校は，児童期から思春期・青年期に至るまで，1日のうちで多くの時間を過ごす場所であり，友人関係や学習を通してさまざまなことを学び，心身ともに発達していく重要な場所である。こうした場所において，他の児童生徒との関わりを保ちつつも，発達障がいの子どもたちが本来する必要のない苦労をしないですむように保証していくことは大切である。これに加え，発達障がいの子どもの特性に応じた個別の関わりをしていくことによって，子どもの資質を伸ばし，不得手を補償していくことができる。

従来，特別支援教育は，肢体不自由，知的発達の遅れ，聴覚障害や視覚の障害などの児童生徒に対しておこなわれており，それらの児童生徒が通う学校も，盲学校・聾学校・養護学校（知・肢・病）に分かれていた。しかし，平成16年の発達障害者支援法の施行，そして平成19年の複数の障害種に対応できる特別支援学校制度への転換，さらに発達障がいに対する認識の広まりもあり，特別支援学校に在籍する児童生徒の数は増加しつつあり，また，そこでみられる発達上の問題は複雑で多様なものとなっている（図11-1）。

発達障がいの子どもは，特別支援学校に在籍するばかりでなく，学校の中での特別支援級に在籍したり，とくに学習障害の場合は，特定の教科のみを別途，その特性に合わせて指導する「通級指導」がおこなわれたりする。こうした通級により指導を受ける児童・生徒の数も毎年増え

第11章　思春期・青年期の心理療法（2）　177

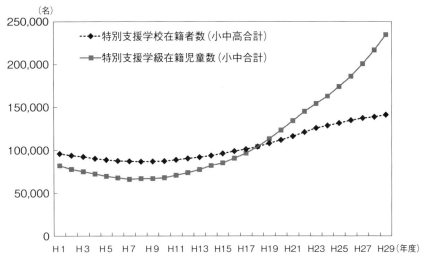

図11-1　特別支援学校在籍者数（小中高），特別支援学級在籍児童数（小中）の推移（文部科学省『平成29年度特別支援教育に関する調査の結果について』より筆者作成）

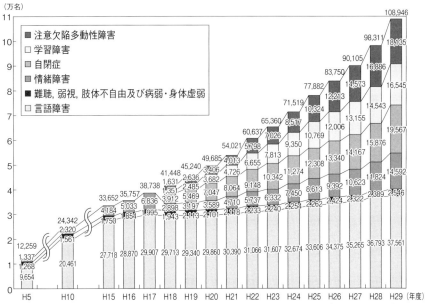

図11-2　通級による指導を受けている児童生徒数の推移（障害種別／公立小・中学校合計）（文部科学省『平成29年度通級による指導実施状況調査結果について』）

ているのが現状である。これは，発達障がいに関する学校現場での理解の広まりが主な要因であるが，実態に即した制度上でのサポートが望まれる（図11-2）。

（2）グループ活動による支援

　発達障がいを抱える思春期・青年期の人たちは，アイデンティティの形成において重要な，同年代のともだちとの親密な関係をしばしば築きにくい事態になってしまうことはすでに本章の冒頭でも述べた。そこで，発達障がいの人たちで集まり，話しあったり一緒に活動をおこなったりする治療的なグループを通して支援する試みもある。

　当事者どうしであれば，他の人にはなかなかわかってもらえない苦しみや困り事などを分かち合い共感してもらうことができる。また，他者が自分と同様の体験をしていることをきくことは，自分にとっての励みになる。さらに，他の人の工夫や乗り越えてきた道筋を知ることが，大きなヒントとなったりする。

　「発達障がい」というキーワードを中心にして集うにしても，障がいのあり方は実に多様であり，加えて個人個人の個性も多様である。発達障がいがベースにありながらも，どのような困り事が前景化しているかは，本人のこれまでの履歴とも関係しつつ多様である。どのようなグループにも共通してみられることだが，その成員が「同じ境遇の者どうし」として，あまりにも他者と自分の共通点を強調しすぎる場合，かえってそれぞれの差異が目立ち，孤独を感じたり対立したりする結末になることもある。こうした，「似た境遇でありながらも実は多様性をもつ」ことを認識し，それを自らのアイデンティティの出発点とすることは，成長のために重要である。

　グループ活動による支援では，SST（ソーシャルスキルトレーニン

グ）がおこなわれることも多い。これは，対人的な相互作用場面を設定し，それについて感じ方を話しあったり，意見を出し合ったり，ロールプレイ（役割演技）をしながら，社会的場面での具体的な振る舞い方や態度を学習するとともに，他者の内面を推測する力，共感性などを育てていくことが意図される。

このように，発達障がいの支援においては多様なアプローチがある。支援者は，それら全てに通暁しているわけではなく，いずれかの専門家であることが多い。このことは，他のアプローチの意義を低く見積もってしまっていたり，ひとつのアプローチのみで抱え込んでしまったりすることを引き起こしがちであることは否めない。発達障がいの当事者たちの苦しみは，発達的，心理的，社会的に複層的なレベルにわたり，それらが複雑にからみあっているものである。だからこそ，それらを広範囲に見通した支援を協力しあうことで可能にすることが支援者の責務であろう。

引用・参考文献

星野仁彦（著）2011「ひきこもりと発達障害」『ひきこもり支援者読本』内閣府，18-41頁

丸田俊彦（著）1989『痛みの心理学—疾患中心から患者中心へ』中央公論新社

大山泰宏（著）2014「発達障害の心理療法」『臨床心理事例研究（京都大学大学院教育学研究科心理教育相談室紀要）』, 41, 23-27頁

杉山尚子（著）2005『行動分析学入門—ヒトの行動の思いがけない理由』集英社

竹田契一，田中康雄ほか（著）2010『思春期を生きる発達障害：こころを受けとるための技法（花園大学発達障害セミナー）』創元社

内山登起夫（著）2006『本当のTEACCH—自分が自分であるために』学習研究社

12 | 思春期・青年期とメディア

《**目標&ポイント**》
・思春期・青年期の子どもたちの心性や行動に対して、コミュニケーションメディアの発達が与える影響について考える。
・メディアと人間の心性の関連について、これまでどんなことが論じられてきたかを知る。
・思春期・青年期の子どもたちに爆発的に普及しているスマートフォン利用の特徴と、心理面での影響や対人関係での影響について考える。
・思春期・青年期の子どもたちのSNS（ソーシャル・ネットワーキング・サービス）の利用の特徴と、その心理的な影響について考える。
《**キーワード**》 メディア、スプリット（分割）、解離、リアリティ

1. メディアの心への影響

（1） メディアはメッセージである

　メディア論を展開したカナダのマクルーハンは「メディアはメッセージである（The medium is the message）」と述べた（McLuhan, 1964）。この表現はとてもトリッキーである。そもそもメディア（単数形ではmedium）は情報伝達の手段であり、内容（contents）を運ぶ媒介物である。内容がメッセージ性をもつというのなら話は簡単だが、入れ物であるメディアがメッセージであるとは、どういうことなのだろうか。

　マクルーハンが主張したのは、メディア自体が固有の意味をもち、私

たちの感覚を通して心のあり方に影響を与えるということである。同じニュースであっても，テレビで映像を伴って伝えられるのと，ラジオで淡々と伝えられるのと，新聞で活字になって伝えられるのとでは，印象が異なるであろう。制作する側も，それぞれのメディアの特性に合わせて作り方を変える。メディアの概念をさらに広げるのであれば，たとえば書き言葉で伝えられるのと話し言葉で伝えられるのとでは同じ内容でもニュアンスや意味が異なってくるというのもその一例である。直接会って話すのではなく，メールで情緒的なニュアンスを伝えるのはなかなか難しいということは，私たちが常に経験しているところである。

「メディアはメッセージである」とは，同じ内容であっても伝えるメディアによって伝わる意味やニュアンスが異なってくるということばかりでない。メディアによって形成される習慣や思考のあり方によって，私たちの心のあり方が影響を受けるということでもある。かつては情報を伝達するには直接対面して口承で伝えるしかなかったが，活版印刷の発明によって書物が普及したことによって，人々の心のあり方が変わってきたということが多くの論者によって指摘されている（Ong, 1982; Sanders, 1994 など）。人々のあいだに黙読の習慣が生まれ，独りで個室に閉じこもって書物と対話しながら思考することが一般的になってきてから，抽象的思考や反省的思考などの新たな精神的態度が生まれてきたのである。

20世紀にはラジオが急速に普及し，それを録音の技術が支え，人々のあいだに新たな娯楽が生まれた。それとともに，ラジオは政治的プロパガンダの道具として利用された。人に直接的に語りかけてくるラジオによって人々の心は動かされ，「大衆」というものが誕生し，それが世論を形成することになった。そのことが第2次世界大戦やその後の紛争や戦争の悲劇にもつながった。つづいて発達したテレビは現地の映像をい

ちはやく，かつ生々しく伝え，このことが1960年代ベトナム戦争の反戦運動の機運をつくっていった。

　それならば，現在のメディアの急速な発達と変化は，どのような「メッセージ」を私たちに伝えるのだろうか。1990年代末から2000年代初頭に，携帯電話が普及したかと思うと，あっという間にスマートフォンの時代となり，文字情報を介したSNS（ソーシャル・ネットワーキング・サービス）の利用も急速に広まった。インターネットの高速化に伴い，文字情報から静止画，さらにはかつてテレビの独壇場であった動画が簡単に視聴できるようになり，また世界中に発信できるようになった。SNSにおいても，文字情報からしだいに絵文字やイラストの使用が広がったかと思うと，インスタグラムなどの普及で，日常生活の一場面を切り取って発信することまでができるようになった。メディアの発展は留まるところを知らず，その進展を予測するのも難しいほどである。

(2) メディアに柔軟な若者，メディアに保守的な大人

　思春期・青年期にある者は，どの時代をみても，新しいメディアに対して鋭敏であり，それを柔軟に取り入れてきた。第1章でふれたように18世紀に書物の出版が一般的になってきたとき，ゲーテの『若きウェルテルの悩み』は多くの青年の心を捉え，模倣自殺者も相次いで出るほどだった。そのため発禁になった国もある。また，書物や読書は有害であり制限すべしという意見も多かった。ベートーベンの音楽が広まったのは，印刷技術の発展により楽譜の出版が盛んになったからでもあった。その後も，青年たちに圧倒的に読まれた書物や雑誌は，その時代時代の青年たちのオピニオンを作り上げてきた。レコードやラジオは，青年たちのサブカルチャーを支える，青年文化の重要なシンボルであった。テレビゲームは思春期・青年期にある者たちを中心に広がっていった。

広がっていったのはこうした不特定多数に情報伝達するメディアばかりでない。特定の相手に情報伝達するメディアにも，若者たちはいち早く飛びつき，コミュニケーションそのものを楽しむために利用し，それらが広まっていった。ポケットベルサービス（略称「ポケベル」）は，受信しかできない一方向のものではあったが，携帯電話が登場するまで，若者たちにとって，身近な他者からのメッセージを直接に受け取ることができ，すぐにつながることができるツールであった。ポケベルはプッシュホン電話から発信しなければならなかったが，主に女子高校生がひっきりなしに友人たちとのコミュニケーションに使用していた。その後に普及した携帯電話やショートメッセージも，めったに会わない人や遠隔地にいる人とのコミュニケーションを密にするというより，普段から顔を合わせている友人たちとの「おしゃべり」に使われ，お互いの関係をより密にするものとして利用されていた。

　若者たちが抱くのは，身近な他者ともっと親密になりたいという欲求ばかりでない。若者たちはいつの時代にも，まだ見ぬどこかの誰かとの「出会い」を求めている。現在のようにインターネットが発達する前，青少年向けの雑誌には，文通相手の「ペンフレンド（ペンパル）」を求める多数の投書が掲載され，多くの青少年が国内や海外の「誰か」と手紙をやりとりしていた。ポケベルが登場してからは，まだ見ぬ誰かとの出会いを求め，「ベル友募集」の雑誌投稿や公共掲示版での貼り紙などもみられた。若者たちはいつの時代でも，まるでどこかに本当に分かり合える相手がいるかのように探し求める。現在，若者のSNS利用や依存に関して，さまざまな懸念と危機感が表明されているが，「出会い」を求めての行動は，ずっと昔から存在したものである。

　現在，SNSでの若者たちの時間の浪費が問題になっているが，ポケベルのときも，人によってはそのコミュニケーションへの時間の浪費は

相当なものであった。手紙のやりとりに没頭し時間を費やした人もいるだろう。このように，現在のメディア使用で問題視されていることは，今に限ったことではなく，以前から「問題」となっていたことも多い。新しいメディアが登場してきたときには，必ずといっていいほど否定的な反応で迎えられる。19世紀末に電話が登場し普及し始めたときも，直接会わずに電話で済ませてしまうと対人関係が希薄化するという危惧があった。しかし実際には，人々は電話で会う約束をするようになり，対面で会う機会は逆に増えることになった（Carolyn, 1988）。携帯電話も然りである。携帯電話が普及しはじめたときには対人関係が希薄化するとの批判があったが，実際には，携帯電話は普段から会っている人とのコミュニケーションをより密なものにして，結びつきを強くする方向に作用したのである。

2．思春期・青年期のメディア

（1）スマートフォンの憂鬱

　思春期・青年期におけるメディア使用を考えるときに着目しなければならないのはスマートフォンである。世界中で爆発的に普及し，若者たちにとってなくてはならないツールとなっている。かつてはラジオ，テレビ，ビデオ，ステレオ，ゲーム機，PC，電話，カメラ，スケジュール帳……と，別々の「家電」やツールを揃えることが必要であったのが，現在ではスマートフォンが1台あれば，たいていのことは事足りるようになっている。インターネットに接続すればその可能性は果てしなく，こんなにマルチで便利な道具はない。

　スマートフォン自体は，正確にいえばメディアではない。さまざまなメディアを凝縮したモバイル機器である。内閣府が毎年おこなっている「青少年のインターネット利用環境実態調査」の平成29年度版（平成29

年11月1日現在で10〜17歳までの青少年5,000人とその保護者を対象に実施）によると，スマートフォンの所有・利用率は，小学生で29.9％，中学生で58.1％，高校生で97.1％となっている。調査方法が平成26年から若干変更になったので単純に比較はできないが，平成22年度の時点では小学生でほぼ0％，中学生で1.3％，高校生で3.6％であったことからすると，この数年で急速に普及してきている。今後も，より低年齢層に広まっていくだろう（図12-1）。

　スマートフォン自体はさまざまな使い方ができる便利な道具にすぎず，それ自体の是非を論じることはできない。着目しなければならないのは，その使い方である。インターネット利用はスマートフォンが登場する前から広まってきているが，前掲の内閣府の調査によると，小学生で65％，中学生で85％，高校生で97％がインターネットを利用している。インターネットは，現在では学校教育の中でも情報収集やコミュニケーションに取り入れられており，不可欠の資源である。ではどのよう

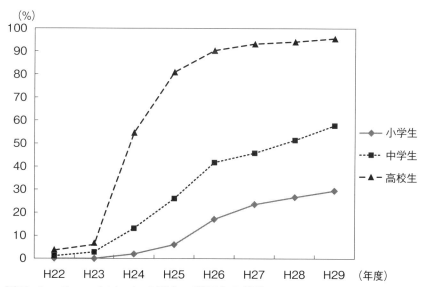

図12-1　スマートフォンの所有・利用率の推移（内閣府『青少年のインターネット利用環境実態調査（平成29年度版）』より筆者作成）

な機器で利用しているかというと，前掲の調査を参考にするならば，小学生や中学生ではPC（デスクトップ，ノート），タブレット，スマートフォンなど，複数の機器に分かれているが，高校生ではほぼスマートフォンに集中している。

スマートフォンは，それを使用しているところを傍にいる者が覗き見でもしない限り，何をしているのかが分からない。このことが他者の不安をかき立てる。たとえば誰かが目の前で，ある小説を文庫本で集中して読んでいるときは，あまり気にならない（むしろ，読書を好ましく思うかもしれない）だろう。しかし，スマートフォンで集中して読んでいるとしたら，あまり良い印象をもたないだろう。また，家族が休日に，朝起きて新聞を読み，テレビを見て，PCでメールを書き，ステレオで音楽を聴き，本を読み，その後スケジュール帳を確認するという生活をしているとき，その傍にいてもあまり苦痛は感じないだろう。しかし，同じことを全部スマートフォンを操作しておこなっている場合，傍に居る者は「一日中スマホばかりいじってる」と腹立たしく思うであろう。スマートフォンは私たちに，相手の世界に入り込めず排除されたような不安を感じさせるのである（図12-2）。

思春期に入り長じるに従って，だんだんと親に対して距離をとり始

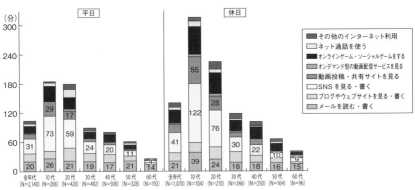

図12-2　スマートフォンのネット利用時間（項目別）（2016年スマホ利用者ベース）（総務省『情報通信白書平成29年版』より）

め，心を開かなくなってきた子どもが，スマートフォンに長時間向かい合っているとき，保護者が不安な気持ちになるのも，もっともなことである。さらに，スマートフォンは保護者の目の届かないところでの使用が可能であるため，いっそう不安がかき立てられるのである。

（2）メディアの影響を論じる視点

　青少年がスマートフォンをインターネットに接続して使用するとき，Web検索，動画サイトの閲覧，メール送受信に加え，LINE，Facebook，Twitter，インスタグラムなどのSNSの利用による他者とのコミュニケーションが使用目的・使用時間の多くを占めている。ポケベルもかつて流行したが，それでもせいぜい高校生の1割程度の使用率であった。しかし，スマートフォンは高校生のほぼ全員といってもよいほど所有しているため，子どもたち相互の人間関係に与える影響，そして大人たちが感じる不安には，格段の違いがあるだろう。

　先述したように，新しいメディアが人間関係や心のありようにどのような影響を与えるのかを論じるときには，慎重でなければならない。軽々しくSNSやスマホや携帯電話の害毒を論じるべきではない。しかし，その影響をまったく考慮しないのも間違いである。思春期・青年期の子ども・若者たちは柔軟である。新しいメディアにすぐに馴染み，それを使いこなす。また，心理・社会的には発達の途上であるため，適切な判断ができなかったり，それとは知らず危険に飛び込んだりする。そして，社会的役割が少なく自由に使える時間も多いため，好きなことにのめり込む。こうした理由から，新しいメディアから受ける影響は大人よりもずっと大きく，そのメディアを使用するやりとりの中から，心が形作られていくのである。

　かつては，メディアが提供する世界はバーチャルな世界であり，物理

的身体を伴う対面の世界こそがリアリティの世界という二分法をよく目にした。たとえば，インターネットや携帯電話を介した関係はバーチャルな関係という位置づけである。しかし，実はメディアを通して提供されるコミュニケーションは，ひとつのリアリティである。生活世界の一部として，現実にそれに対応し関わらねばならない世界として，確固として存在している。メディアについて論じるときには，子どもたちが生きている世界が実際にどのようなものなのか，その内側から見ていく視点が必要であろう。

ここからは，特に青少年が利用しているメディアが構成するリアリティと，青少年の心の関係について論じてみたい。その際，ひとつひとつのメディアについて個別に論じるのではなく，複数のメディアが絡み合い相乗するところから生まれてくる情報世界，そしてそれらのメディアの使い方に関する社会的慣習や態度から構成される，思春期・青年期の若者が生きる環境世界ということを，探究しながら論じてみたい。

3．メディアの構成する世界と影響

（1）待つことの難しさ

対面でのやりとりでは，私たちが相手に語りかければ，相手はすぐに応じてくれて，対話やコミュニケーションが成立する。こちらが語りかけても相手がしばらく答えなければ，腹が立って当然であろう。しかし，相手が目の前におらず，オンラインでコミュニケーションをおこなう場合はどうだろう。冷静に考えてみれば，目の前にいない相手が自分とコミュニケーションをすぐに開始できる状態にいるかどうかは分からない。しかし，「いつでもどこでも」相手とコミュニケーションがとれるはずのモバイルメディア機器を使用するとき，私たちは，対面の場合と同じように相手がすぐに応じてくれると前提してしまう。

すでに別の科目（『人格心理学'15』）で論じたが，携帯電話は，「いつでもどこでもコミュニケーションが可能である」ことを期待してしまうために，相手が電話に出なかった場合，連絡がつかないということに対する心理的な耐性がきわめて低くなる。着信履歴が相手に残っているはずだけになおさらである。なぜ相手が電話してこないのか，なぜこちらの送ったショートメッセージに応答してこないのか，その理由を自分なりにいろいろ考えたとき，携帯電話では「何か事情があるのだろう」と余裕をもって待つことが難しい。あれこれと考えても，概してポジティヴな空想は出てこない。自分が嫌われているのではないか，相手が事故にでもあったのではないかと，ネガティヴな想像が働いてしまう。

　思春期・青年期の子どもたちのLINEの使用においても，同じことが生じているようである。総務省の「平成29年版情報通信白書」をみると，すでに2016年の時点で20代でのLINE利用率は96%である。10代でも80%近くで，LINEは重要なコミュニケーション手段となっている。思春期・青年期の子どもたちは，大人に比べてはるかに人間関係が狭いので，クラスメイトや部活仲間などの日常的に顔を合わせる人とのあいだでLINEのグループを作る。しかも，そうした集団はもともと個人のバラバラな行動よりも集団行動が規範となっており，個人が際立つというより融合的であり集合的である。こうした対面での集団がもつ規範と同じものをLINEにも期待してしまうことになる。すると，携帯電話の場合と同じように，自分が発信したメッセージを読まない（未読）人がいたり，読んでも応答してこない（既読スルー）人がいたりしたら，その相手に対してネガティヴな空想が働いてしまうのである。グループLINEでの発信は特定の相手に向けてではなく複数の相手に向けてのものなので，たいていはすぐに誰かが応答してくれる（いつも同じ人とは限らないが）。そのため，それが返信のタイミングの規準となってしま

う。本来なら時間差があっても情報の共有ややりとりができる便利なメディアであるはずが，知らず知らずのうちに自分たちが作り出したルールによって，自らががんじがらめになっているという現象が生じている。

(2) 狭くなる世界

インターネットの Web 上には世界中の実に多様な情報が埋もれている。そこにはどんな百科事典よりも豊かな情報があるだろう。しかし私たちは，その全てに接するわけではない。私たちがアクセスするのは，キーワードで検索してヒットしたものであり，あるいは目にとまったものであり，多くの情報の中のごく一部でしかない。さらにいえば，自分の思考や嗜好の範囲内のものでしかない。情報化時代のパラドクスはまさにここにある。情報の選択肢の幅が広がれば広がるほど，私たちは，自分にとって興味のある情報しか得ることができなくなるのである。

ラジオやテレビを一日中つけっぱなしにしていたとしたら，そこから入ってくる情報は，自分が関心のないものもありうるし，そのことによって新しい視野や興味が広がることもある。新聞も然りである。それらマスメディアの情報の選択や提示の仕方にはある偏りがあるにしても，コンテンツのジャンルは，一人の人間が選んでアクセスするよりもはるかに多様である。

インターネットは，これと対極にある。自分が興味のあるキーワードで検索すれば，視聴率が大事なテレビでは決して得ることができない，かなりマニアックな情報までも手に入れることができる。通常の人間関係ではなかなか興味や興味を共有する相手がいなくとも，Web で検索すれば，同好の士をいとも簡単に見つけることができる。このように，自分の興味・関心をもつ世界に関して情報収集するためには，インター

ネットは実に強力なツールである。しかしながら，多様かつ膨大なリソースの中で，利用するのはごく一部の興味範囲の情報に限られてしまうことに気づきにくくなる。

　Twitterにも同じことが生じる。世界中で発信されているTwitterの投稿は，実に多様で数多い。しかし私たちはその多様性の全部に接することができるわけではない。「つぶやき」を検索するには，キーワードを入れる必要がある。また，ある人をフォローして，そのツイートを自動的に見られるようにしても，そこには自分の興味や関心のフィルターがかかっている。若者のTwitter利用の目的として最も多く挙げられるのは，自分の趣味に関しての情報を得ることであったり，好きなタレントや歌手など有名人のつぶやきを知るためである。

　Twitter自体は，広く開かれているにもかかわらず，実際にそれを通して接する世界は閉じられている。自分のタイムラインに挙がってくるのは，すでにフォローした馴染みの人が多くを占める。そのため，本当は発信する情報が広く公開されてしまうにもかかわらず，まるでそこが閉じられた世界であるかのような感覚をもってしまうこともある。高校生の利用者の約半数が実名でのアカウントを作り，無防備にも写真や個人を特定できそうな情報を発信しているのは，そのためでもある。

　LINEは，その仕様上，もともと閉じられた世界を作るものである。LINEを通したやりとりや接する人，やってくる情報が，自分のコミュニケーションの大部分を占めれば占めるほど，それが本当は世界の中のごく一部の閉じられた世界にすぎないのに，とても重大な世界として感覚されるようになる。対面の世界でも，狭い人間関係に閉じ込められてしまった人が，その中で生じることが客観的にみれば取るに足らないようなことでも，きわめて重大であるかのような感覚に陥ってしまうのと同じことである。

Twitterにしろ，LINEにしろ，本来は人間関係の柔軟性と広がりを可能にするものだが，若者たちは皮肉なことに，かえって狭い世界に住むことになってしまっている。

(3) スプリットされた世界

　人間関係が多様でありさまざまな社会的役割をもつ大人には，LINEやTwitter上でしかつながっていない相手も多く存在する。しかし子どもの場合，先述したように，SNS（特にLINE）を通じてコミュニケーションする相手のほとんどは，日常でも対面で顔を合わせている相手である。つまりひとつの人間関係の中に，複数のコミュニケーションの通路をもっているのである。そうした場合，相手との関係性に，精神分析でいうスプリット（分割）という現象が生じてしまいがちである。

　対面での人間関係で不快に感じることや腹立たしいことがあったら，その時に相手に直接話さずに，後でTwitterやLINEで吐き捨てるようにネガティヴな感情を吐露する。それでも誰かがすぐに慰めるツイートをしてくるので，そうした感情を吐き捨てることが正当化されてしまう。そして，ネガティヴな感情を向けられた相手は，謝るしかない立場に追いやられる。

　ネガティヴな感情を向けてきた相手が，日常の対面状況では会わない人ならば，ブロックしたりフォローから外したりすればよい。そうした意味ではTwitterは，いったん足を踏み入れてしまったら徹底的に袋叩きにあう羽目になりかねなかった「掲示板」よりは，ずいぶんと自分を守ることができるようになった。しかし，Twitterでも相手が日常的に顔を合わせている人であるならば，フォローを外したりブロックしたりしようものならば，相手に新たに怒りと攻撃の口実を与えてしまう。

　LINEでのいじめや排除がしばしば問題になっているが，とりわけ前

思春期的な排他的な凝集性への希求と結びついたときに，問題が生じやすいようである。小学校の中学年頃から，クラスの誰かを仲間外れにすることで自分たちの仲間集団の凝集性を高めようとすることが「いじめ」につながることを，本書の第4章でも既に述べた。自分が排除されることが怖いために誰かを先んじて排除したり，誰かが排除されているあいだ自分は排除されないで済むので傍観したりするのが，いじめの構造である。LINE上では担任の指導が届きにくいため，そうしたことが抑制されないままに生じてしまう。また，グループの誰かについての悪口を，その子を外した「裏」のやりとりで言い合うこともしばしばである。

　思春期・青年期の子どもたちのTwitterやLINE上に出現している世界は，ひとつの「ムラ社会」である。かつて人々が狭い地域共同体に縛りつけられ，それ以外の人間関係の逃げ場がなかったときに生じていた事態と同じことが，世界に開かれているはずのSNS上に出現しているのである。SNSは文字を通してやりとりされるが，実質的に展開されているのは口語としての会話である。短い文章の中には，逆接や譲歩，仮定などの複雑なロジックを込めることもできなければ，自分で省察して長い文章のナラティヴ（語り）にして発信することもできない。断片的な短いやりとりを積み重ねていく中で，その意味内容は浮遊するかのように変転していく（図12-3）。

図12-3　SNSのトーク画面例

現代の思春期・青年期の子どもたちは，SNS上での会話で感情の吐露に晒され，それにつきあうことに慣れているため，相手の気持ちをフォローすることに長けている。排除されないように極端なことを言ったりしたりしないため，相手の言ったことに同調するやさしい子が増えているという印象がある。しかし同時に，はじきだされることを恐れて自信と自己確信を失っているようにも見える。また，誰かのフォローに回ることに汲々として，疲れてしまっている「気の利く」子どももいる。

（4）多重化するリアリティの傷つき

メディアは，私たちが生活している空間に，別の場所のリアリティを投げ入れてくる。リビングでくつろいでいるとき，テレビから悲惨な大事故や大災害のニュースが飛び込んでくる。そのたびに，くつろいでいる自分と心を痛める自分のどちらでいるべきなのかが分からなくなる。涙を誘うドラマの中途に，大音量でにぎやかなコマーシャルメッセージが飛び込んでくる。そのたびに私たちは，どんな感情でいればいいのか混乱してしまう。このように，メディアは私たちの環境世界を多重化し，時間的にも分断する。「私」が身体を携えている「この空間」とメディアの「向こう側の空間」とが衝突を起こし，さまざまな感情価値をもつ情報が次々に飛び込んできて，心は切れ切れとなってしまう。

この現象は，SNSにおいてさらに顕著となる。Twitterを通して次々に異なる情報が飛び込んでくる。誰かが喜びを報告したツイートに「いいね」を押して共感したすぐ後に，誰かが嘆いているツイートにフォローを入れる。そのようなやりとりが頻繁になされている中では，自分の感情の主軸がどこにあるのか分からなくなってしまっても当然である。この状況に適応するためには，心をそのときそのときで切れ切れに

する，いわゆる解離（dissociation）の機制を使わざるをえない。臨床場面において，青少年のあいだに解離の事例が近年多く報告されていることも，これと無縁ではないだろう。

英国の王立公衆衛生協会の報告（Royal Society for Public Health, 2017）によると，青少年のメンタルヘルスにもっともマイナスの影響を与えるのは，インスタグラムだという。同じメディアであっても，国や文化圏によってその利用のされ方は異なるので，英国の例をそのまま日本に当てはめることはできないが，その分析には，なるほどと頷かされるものがある。インスタグラムで発信される写真は，加工が加えられたものである。とくに被写体の身体をよりスマートに見せる。それを見た人はその姿を自分と比較してしまい，自尊感情が低くなるというのである。

SNSで投稿される写真は，「SNS映え」という言葉があるように，日常の一場面とはいっても，より華やかにより美しく演出されている。そして投稿されるのは，いわば「ハレ」の出来事である。美しく楽しく晴れやかなことが美化された写真で次々にアップされると，自分の日常が彩りがない陰鬱なものに見えてしまう。それに張り合ってSNSに投稿することで自己愛を充たそうとしたところで，そのことが自分の体験を心から楽しむことにはつながらず，他者からの承認を求めることのほうに縛りつけられたままなのである。

新しいメディアはこれからも出現し続けるだろう。そしてSNSの使用はますます盛んになり，多様化していくだろう。また既存のメディアに関する使用法はだんだんと成熟してくるだろう。私たちには，保守的な感覚で頭ごなしに新しいメディアを批判するのでもなく，実際にそれがどのように使用され，とりわけ発達の途上にある思春期・青年期の若者にどのような影響を与え，また，彼／彼女たちが新しいコミュニケー

ションのあり方や社会というものをどのように作っていくのか見守っていく必要があろう。

引用・参考文献

Carolyn, M.（1988）*When old technologies were new: thinking about electric communication in the late nineteenth century.* Oxford University Press.
　吉見俊哉，水越伸，伊藤昌亮訳（訳）2003『古いメディアが新しかった時―19世紀末社会と電気テクノロジー』新曜社
McLuhan, M.（1964）*Understanding media: the extensions of man.* Roudlege.
　栗原裕，河本仲聖訳（訳）1987『メディア論―人間の拡張の諸相』みすず書房
内閣府　2018『平成29年度　青少年のインターネット利用環境実態調査』
Ong, W. J.（1982）*Orality and Literacy: the Technologizing of the World.* Methuen & Co. Ltd.
　桜井直文他（訳）1991『声の文化と文字の文化』藤原書店
Royal Society for Public Health（2017）*#StatusOfMind: Social Media and Young People's Mental Health and Wellbeing.*
Sanders, B.（1994）*A is for Ox : Violence, Electronic Media, and the Silencing of the Written Word.* Pantheon Books.
　杉本卓（訳）1998『本が死ぬところ暴力が生まれる―電子メディア時代における人間性の崩壊』新曜社
総務省　2018『平成29年版情報通信白書』

13 | 思春期の子ども期，おとなの思春期

《目標&ポイント》
・エリクソンの「発達の漸成説」に照らし合わせて，各ライフサイクルでの発達課題が，当該年齢を過ぎてもテーマとして再燃しうることを知る。
・大人と子どもとの関係において，それぞれの未達成な発達課題が，どのように影響を与え合うのかを知る。
・基本的信頼感，愛着に関する未達成なテーマがある場合の，行動的特徴と周囲からの支援のあり方について考える。
・思春期に課題を残す「おとな」が，思春期・青年期の子どもたちに対して，どのような関係をとりやすいかについて考える。

《キーワード》 ライフサイクル，発達の漸成説，基本的信頼感，思春期，チャム

1. 心理発達課題の残存

（1）表面化する問題の背後の課題

　人は一生をかけても，完璧な人格などにはならないであろう。人はどこかしら課題を残しつつ成長し年をとっていく。だからこそ，いつになっても成長と発達の可能性があるとも言える。そして，それぞれのライフサイクルの中で固有の課題に新たに直面する。たとえば青年期になると，子どもの頃には問題にはならなかった自我同一性の確立が課題となってくる。老年期に入ると，青年期には考えもしなかった自分の老いを受け止めるテーマが差し迫った課題となる。

第1章で引用した，エリクソン（Erikson, E. H.）の発達の漸成説を思い出してみよう。そこでは，ライフサイクルを乳児期から老年期に至るまでの8つの時期に区分し，それぞれの時期での心理的危機と発達上の課題が示されていた。人はその心理的危機に取り組み発達課題を達成していくことで，順々に次第に発達していくというのである。たとえば，ライフサイクルが進展していく中で，一方的に育まれ他者の世話に依存せざるをえなかった乳幼児が，幼児期になると自分でやるのだ，ということに喜びを覚え自己主張をしはじめる。その基盤のうえで，学童期では友人関係の中で他者と比較したり他者を取り入れたりしながら，自分というものを作りはじめる。この段階を経て青年期になると，自分とはどうあるべきか，自分はこれからどうしていくべきかというように，自分を見つめ自分自身のあり方を，心理的にも社会的にも決定していく。成人期となると，自己を達成した大人どうしが親密な関係の中で支えあって生き，やがては子どもや後進を育て，他者を世話していくようになっていくのである。

　このようにそれぞれの時期に固有の発達課題があり，それに取り組むことで人は次第に成長していく。思春期の心理的危機やテーマ，青年期の心理的危機やテーマは，こうしたライフサイクルの展開のうえで，必然的に出てくる課題である。本書もこれまで，そうした思春期・青年期に固有の発達上のテーマに焦点をあてて論じてきた。しかしながら，思春期・青年期に生じる心理的危機のすべてが，これらの時期に固有の発達課題に対応したものであるかというと，そうではない。それよりずっと以前のライフサイクル上の時期のテーマが課題となっている例も非常に多いことに注意しなければならない。

　エリクソンの発達の漸成説においては，ライフサイクルの後のほうの発達課題の達成は，それ以前の発達課題の達成がなされた基盤のうえで

展開するものとされている。したがって，それ以前の段階での達成が不十分であると，以降の発達課題も十分には達成されずに不安定なものとなると考えられている。そして，ある発達段階での心理的危機を体験するときには，それ以前の発達課題の達成が不十分であった場合，そのこともテーマとして揺れ動き，取り組まねばならなくなるのである。ライフサイクル上の危機の時期ではなく，一応の安定期にあるときには，以前の発達課題の達成が不十分であったとしても，それほど目立たないかもしれない。しかし，思春期・青年期という大きな危機の時期に入ると，それまでの未達成な発達課題というものが，一挙に表面化するのである。

　このことは，目的論的な見方をすれば，未達成な発達課題が表面化することは，それまでにやり抜けなかったテーマに，もう一度新たに取り組んで達成していこうという，成長へ向けての動きであるとも言える。

（2）ライフサイクルの相互性という観点から

　エリクソンのライフサイクル論において重要なもうひとつの観点は，ライフサイクルの相互性（mutuality）の考え方である。これは，ライフサイクル上の異なる段階にある者どうしが接しているとき，それぞれの心理・社会的発達上のテーマがお互いに影響を及ぼしあって展開していくという考え方である。子どもは，親に育てられることで成長発達していく。いっぽう，親のほうも子どもに「親」として育てられるのである。最初から親として十分に機能できる人などいない。生まれた子どもが全面的に親に頼り，親は試行錯誤でそのケアに取り組みながら，次第に親らしくなっていくのである。

　このときに重要なのは，子どものライフサイクル上の発達課題が，親の発達課題（心理・社会的危機）と呼応するという点である。たとえ

ば，乳幼児期にある子どもが，自己や他者に対する基本的信頼感を得て生きることに希望をもつという発達課題に取り組むとき，親のほうは，他者との親密性と他者への愛を育むことができるかどうかという，成人期前期の発達課題に取り組むであろう。そして子どもが学童期，青年期（思春期・青年期）に入り，自分自身のアイデンティティを作り上げる発達課題に取り組んでいるとき，大人は，次世代の主体性を認め大切にし，自分がやってきたことを継承し「一人前」として育てていくことができるかどうかという「世代継承性（generativity）」のテーマに取り組むことになる。

このように，子どものライフサイクル上の心理・社会的危機（発達課題）と親の心理・社会的危機（発達課題）は呼応し，相互に育てあっていく。このため，親のほうが十分にその発達課題に取り組む状態にない場合，すなわち，それ以前の発達課題が十分に達成できていない場合，子どもが心理・社会的危機を通り抜けていくことを阻害したり，足手まといになってしまったりすることがある。健康な家族であっても，それぞれの呼応するライフサイクル上の危機を通り抜けていくのは大変なことであるが，発達課題に未達成なところがある場合はそれに輪をかけて大きな仕事をやり抜かねばならなくなる。

たとえば，親がまだ自我同一性に大きな揺らぎをもっていたとしよう。そうすると，子どもが思春期・青年期に入って自分というものを見つめ迷い葛藤しはじめたとき，親はそれを安心して見守ることができず，親自身の心がひどく揺れてしまうだろう。あるいは，乳児期の基本的信頼感の獲得のテーマに未達成なところがあると，子どもが自立していこうとする動きに対して，親は「自分が見捨てられた」と感じて子どもを極端に拒否したり，あるいは見捨てられまいとして子どもにしがみついたりするだろう。このような場合，親は自分自身のテーマとしてそ

れに取り組むことが何より重要である。そのため、思春期・青年期の心理療法においては、第10章で述べたように、親子並行面接が有効なのである。

2．思春期・青年期における基本的信頼感のテーマ

（1）基本的信頼感と愛着

　思春期・青年期において、それまでの発達課題がどのようにテーマとなりうるかについて具体的に述べる前に、あらゆる人生の段階を通じてテーマとなる、心理的課題についてみてみよう。心理・社会的なさまざまな発達課題のうち、人生のもっとも早期のテーマである「基本的信頼感」は特に重要である。これが不十分な場合、ライフサイクル上のいずれの時期においても問題が繰り返し表れてくる。

　「愛着」という概念を提唱した精神分析家のボウルビー（Bowlby, J.）は、愛着を「揺り籠から墓場まで（Bowlby, 1977）」と表現し、人間の一生を通じて継続的に影響を与えるものであると考えた。たとえば、第8章で少し触れたように、小学校の低学年の不登校には「分離不安型」が多い。学校に通うことは家庭を離れて学校という社会に入っていくことであり、母親の護りを離れて独りになると同時に、同年代の子どもたちとの関係に参入していくことである。分離不安型の不登校の場合、朝学校に行こうとすると「お腹が痛い」などの訴えがあり、家から出ようとしない。なだめすかして学校に連れていっても、校門や靴箱のところで一歩も動こうとしない。何とか学校に入ることができても、最初は母親が傍にいないと安心できない。しかしいったんクラスの中に入ると、後は意外と平気で他の子どもたちと元気に遊んだりしながら過ごしている、というタイプの不登校である。

　このようなタイプの不登校は、「学校に行けない、居られない」とい

う問題ではなく,「家庭や母親の庇護のもとを出ることができない」ということが問題となっているのである。校門や靴箱のところで立ち止まってしまうように,家から学校へという境界を越えることを拒否するのである。分離不安型の不登校は,基本的信頼感のテーマと深く関わっているのであるが,そこには両極端な2つのタイプがある。

　第一のタイプは,他者や世界に対して十分な基本的信頼感がもてておらず,安心感が内在化されていない（心の中に根付いていない）ために,潜在的に不安な状態にあり,心理的な安全基地としての親のもとを離れることができないというものである。親（保護者）に代表されるもっとも身近で親密であるはずの他者とのあいだで,十分に保護された感覚をもてていないのである。

　第二のタイプは,これとは逆で,あまりにも親（保護者）との心理的な結びつきが強く,親が子どもの欲求や葛藤を先取りして解決してあげるために,親以外の関係性の中に入っていけないというものである。子育てに問題があるというより,子育てが上手すぎて子どもの気持ちをよく汲み取るために,学校という荒野の中に入っていけないのである。

　このように,学童期の子どもであっても,そこで展開されるテーマはライフサイクルに固有の危機に関連するものではなく,人生のもっとも早期での心理的危機がテーマとなることも多いのである。

（2）思春期・青年期での愛着のテーマ

　幼い頃に虐待を受けていた場合,基本的信頼感に大きな課題を抱えることになる。虐待といっても,ネグレクト,言葉の暴力,身体的暴力を伴うもの,性的虐待など,その形態は多様であるが,いずれも人を信頼すること,世界を信頼することに深刻な負の影響を与える。まず他者が自分をケアしてくれる存在であると信頼することができず,他者に対す

る親密な関係を築くことが難しくなる。また，自分が不当に扱われて当たり前であるとか，自分は取るに足りない存在であると思い込む，自己否定，自己価値の低さなどが生じる。

　前思春期のチャムの関係は，こうした基本的信頼感の回復のチャンスである。同性の友人に対して，相手を心から大切に思い，そして自分がもっとも大切にする人から大切にされるという経験は，他者と自己への信頼をとり戻すことにつながりうる。しかし，ここで再び傷つきを体験してしまうと，心に大きな負の影響が与えられてしまう。

　幼児期に虐待を受けていた子どもたちの愛着を求める気持ちは，相当に強いものである。同時に，自分は拒否されたり攻撃されたりして当然だという信念もある。したがって，大好きな友人に対して，退行した過度の甘えと独占欲，ちょっとしたことでの傷つきと怒り等が出ることも多く，疎ましく思われたり忌避されたりする結果になりやすい。また，被虐待児は家庭の養育機能が十分でないことも多いので，身だしなみなどから，同年代の前思春期の子どもたちが排除やいじめの対象にすることも多い。

　前思春期において，他の子どもたちとチャム的な関係により愛着を育むことが困難な場合，学校ではクラス担任や養護教諭などに，依存的ともいえる甘えを出してくることが多い。ここでも相手を独占しようとしたり，ときには反転した怒りを向けてきたりすることもある。年齢に比して退行した様子を見せるので，学校では対応に苦慮することが多い。

　対応として，「その子だけ特別に甘やかさず他の子と同じくけじめをつけるべきだ」とされることが多い。また，子どもが依存的になっている教員に対しては，「対応が甘いから子どもがつけあがっているのだ」などという声が他の教員から出たりして，全員で一致して厳しく関わろうという対応がされることが多い。しかし，当の子どもにとっては，基

本的信頼感を獲得していくうえでの重要なチャンスであり，かつ，それを教員とのあいだでやらねばならない孤独がある。

基本的信頼感や愛着は特定の他者に対して築かれるので，学校で（あるいは養護施設などでも同様のことが生じる）そのような事態が生じていたとしたら，子どもの退行と愛着の対象となる大人と，もっと別の規範的な関わりを提供していく大人とに役割分担して対応することができる。前思春期の子どもは，全面的に退行するわけではなく，未達成の発達課題を特定の人物とのあいだで達成しようとしているのであり，年齢相応の発達課題（たとえば，前思春期であれば自分を律して努力して自己有能感をもつこと）も同時に展開しているのである。このように，退行する子どもに関わる場合は複数の時期の異なる発達課題が同時並行的に進展していくという観点をもちたい。

3. おとなの思春期・青年期

(1) おとなのチャム

チャム的な関係（Sullivan, 1953）は，正確にいえば前思春期のものだけではない。大人になっても親密な同性どうしのあいだに存在するものである。その友人と一緒に旅行に行ったり，娯楽を楽しんだりする。

大人になってから同性との親密な関係をもつことが，傷ついた自己の回復を助ける例は多い。たとえば，小学校，中学校を通じて深刻な「いじめ」を受けていた人が，何らかの趣味（アニメや漫画，スポーツのファンなどが多い）に没頭する仲間集団に入り，そこで互いをいたわり尊重しあう関係を体験することで，他者や自己に対する信頼と希望をもつに至る例をみることがある。同じ対象を謙虚に大切にする仲間と，チャム的な関係を体験するのである。

ただし，前思春期の子どもたちが凝集性を求めるために排除やいじめ

をおこなっていたように，大人の凝集性の高い趣味仲間の集団においてもいじめや排除が生じることも多く，親密な関係をもとめて集った人たちが，傷つきと孤独を深めてしまう例も多い。

　第3章で，前思春期は自明なことが自明でなくなり，自分や世界の存在が揺れる「自我体験」が生じる時期であることを述べた。こうした感覚は，年齢が長じると自然と忘れていくことが多いが，大人になってからもずっと残っている人もある。それは鋭敏な瑞々しい感性とも言えるが，普通のことが普通でない感覚をもち続けることは，本人にとっては苦しいことである。

　青年期の発達課題は「自我同一性の獲得」であるが，そこでは「自分はこんな人間である」「このように生きる」ということを決断し，特定の心理・社会的な自己の役割を引き受けなければならない。しかし，それよりもっと根幹の部分で自分のあり方が揺らいでいるときには，そのような問いかけをするどころではない。

　青年期のアイデンティティ探究の問いかけが「自分はいかに生きるのか」であるとしたら，前思春期の心理的テーマと関連する問いかけは，「自分はなぜ生きているのか」である。答えを出すことは難しいが，多くの人は次第にそうしたことを問わなくなり，かわって「いかに生きるのか」への問いかけを始める。大人になってもまだアイデンティティの模索の途上にある人たち，自分が何をしたいのか，何をなすべきかが定まっていない人たちが直面しているのは，実は，青年期の自我同一性探究の危機ではなく，それ以前の自己性の危機であったりすることも多いのである。

（2）おとなの青年期

　青年期が，大人社会へとまだ参入できていないマージナルな時期であ

るということは，すでに論じた。そして，現在ではそうした青年期が延長していくことで，青年という言葉自体がその説得性を失いつつあり，むしろ「若者」という概念が使われるように「一人前でない」時期というものが心理的にも社会的にも延長されたことも述べてきた。そうした意味で，「青年期で自我同一性を達成して大人になる」という，明確な発達段階の区分でライフサイクルが移行していくわけではなくなってきている。「大人」として社会で生活しつつも，どこかで青年期のような「モラトリアム」を残していることも多くなっているのである。

　実際，現在のような流動的な社会では，「モラトリアム」が重要な面もある。英国オックスフォード大学のフレイとオズボーンは，AI（人工知能）とロボット技術の発達により，10〜20年後には現在の職業の半分は機械がおこなうようになるという未来予測を出した（Frey & Osborne, 2013）。米国デューク大学のキャシー・デビッドソンは，2011年度にアメリカの小学校に入学した子どもたちの65%は，大学卒業時に今は存在していない職業に就くだろうと予測した（Davidson, 2017）。こうした未来予測は，けっして絵空事ではない。実際にこの20年間をみても，それまでになかった職業が生まれ，またいくつかの職業が消えて行った。このように流動的で変化の速い社会の中で，心理・社会的なアイデンティティを決めてしまうのは，かえって問題もあるようにも思えてくる。

　しかし，心理的なアイデンティティと，社会的なアイデンティティは本来異なるものである。むしろこれまでは，職業的アイデンティティというものが，社会的アイデンティティと，さらには心理的アイデンティティと素朴に同一視されている面があったといえる。これは，職業的アイデンティティを確立すると，自らの心理・社会的アイデンティティを問わなくて済むようになっていたということである。

日本の場合，ヨーロッパや北米の諸国と比べると，こうした傾向は特に強いように思える。第二次世界大戦後，日本では会社に就職して終身雇用まで勤めあげることが人生の王道であった。会社に所属し同一化するアイデンティティが，そのまま心理的・社会的アイデンティティであった。家庭などの会社以外の場所で，どのような自分であるのか，どのような生き方をするのかといったことは，表にはあがってこなかった。

　職業的アイデンティティは立派でも，心理的アイデンティティや家庭でのアイデンティティは未熟であるという例は，現在でも珍しくない。そして今でも，大学生たちにとって就職活動は，自分自身が何者となるのかを決着していく極めて重要な機会であるばかりでなく，自分の人間としての品定めをされると感じてしまう機会である。企業は「社会に役立つ人材」という言葉で魔術をかけ，内定がなかなか決まらない学生は，「自分は社会から必要とされない人間だ」と思いこむまで自己価値観が低下してしまう。たとえ就職が決まったとしても，1年か2年で退職をすることになったとき，若者は自身を敗者だと思ってしまう。

　大人の復職支援に関わるときにつくづく感じるのは，職業的アイデンティティということから自由な心理・社会的アイデンティティを作り上げることの重要さである。青年期に逸脱することもなく，留年することもなく，エリクソンのように放浪の旅に出るわけでもなく，そのまま大学を卒業して職業に就いたものの，1～2年のうちに意欲を失って抑うつ状態となり，会社に出て行くことができなくなり，遅刻や欠勤を繰り返し休職せざるをえなくなる。いったん復職したものの，やはり同じことの繰り返しとなってしまうという例は多い。このような場合，職業的アイデンティティが心理・社会的アイデンティティと同一のものになってしまっていることが多い。あるいは，職業的アイデンティティで自分

の心理・社会的アイデンティティの空虚を覆い隠そうとしていたのだが，それがうまくいかず，もっと本質的な自分のアイデンティティを模索しようとしているのかもしれない。

　自分はいったい何を本当は望んでいるのか，何を大切にしたいのか，何に生き生きとできるのかといったことを見つけ出して，職業的アイデンティティを相対化できたときに，本当の意味で青年から大人になることができる。若者の早期離職等が問題となったり，「ニート」や「フリーター」が社会問題として取り沙汰されたりすることが多いが，こうした現象は，若者の世代が，職業的アイデンティティとは異なった心理・社会的アイデンティティを模索しはじめたからだとも言えるだろう。

（3）おとなと思春期・青年期が接するとき

　自分の思春期・青年期に聴いていた音楽（懐メロ）を聴くと，そのときのほろ苦いような甘酸っぱいような感覚が思い出される。自分は思春期・青年期をじゅうぶんやり切ったと言い切ることができる人は，どれくらいいるだろうか。ほとんどの場合は，何らかの疼くような思い出を残しているのではないだろうか。しかし，もうその時代には戻ることができない，「失われた時」である。

　子どもと一緒に遊ぶと自分の中の子ども心が活性化されるように，大人が思春期・青年期の子どもや若者と接すると，自分の中の思春期・青年期が活性化される。自分の中の未消化なひっかかりやこだわりを，思春期・青年期の子どもたちとの関係の中で，再現してやり抜こうという動きが生じる。このときにやっかいなのは，自分は大人として，思春期・青年期の子どもたちよりも，より権力があり，社会化されている（と自分では思っている）と思い込んでいるという事態がしばしば生じ

ていることである。したがって，自分のひっかかりや未消化な部分に本当に向き合うというより，その未消化な部分を，思春期・青年期の子どもたちにぶつけてしまうことが生じる。

　青年期に逸脱ができず，真面目で，むしろ「不良」から脅されたりして鬱屈した日々を過ごしていると，自分が大人になったとき，やんちゃな子どもたちに極めて非寛容で目くじらを立てることが多い。ともだち集団に入れてもらえず，馬鹿にされたり苛められたりしていると，大人になって権力をもったとき，思春期・青年期にある者たちを小馬鹿にしたり，不当に扱ったりするようになることもある。自分が同年代や先輩から暴力的に扱われ，それに反抗できずに思春期・青年期を過ごすと，大人になってから，思春期・青年期にある者たちを「指導」と称して暴力的に扱うようになる。思春期に女性に対して恋心をもちながらも接近できなかったり，異性から気持ち悪がられたり忌避されたりしていた場合，大人になって権力と経済力ができてから，思春期の女の子を対象に買春をくり返す。

　青少年へのハラスメントや収奪をおこなう者たちには，歪んだ思春期・青年期の残存が見え隠れする。同じことは家族の中でも生じうる。親が未消化な思春期・青年期の課題を抱えているとき，子どもたちに対していかに権力的に振る舞おうとしても，それは問題の解決にはならない。

　自らの心の問題のせいで誰かを病ませるより，自分自身が病むほうがずっといい。自分の心の課題に取り組まず，その歪みを権力で巻き散らして周囲を病ませるのではなく，大人になってからこそ，自らが病む力が問われる。思春期・青年期にある者は，まっすぐに病む力をもっている。権力をもたないため，自ら課題を引き受ける力がある。

　大人がほんとうに自分の思春期・青年期をとり戻したいと思うのであ

れば，自らが弱く傷つきやすく悩むことのできる力をとり戻さなければならないであろう。

引用・参考文献

Bowlby, J.(1977) The making and breaking of affectional bonds. *British Journal of Psychology*, 130, 201-210.

Davidson, C. N.(2013) *The New Education: How to Revolutionize the University to Prepare Students for a World in Flux*. Basic Books.

Erikson, E. H.(1982) *The Life Cycle Completed: a Review*. Norton.

Frey, C. B. & Osborne, M. A.(2013) *The Future of Employment: How Susceptible are Jobs to Computerisation?* Oxford Martin Programme on Technology and Employment.（https://www.oxfordmartin.ox.ac.uk/downloads/academic/future-of-employment.pdf 2018年9月現在）

岩宮恵子（著）2016『増補 思春期をめぐる冒険─心理療法と村上春樹の世界』創元社

Sullivan, H. S.(1953/1997) *The Interpersonal Theory of Psychiatry*. Norton.

14 | 思春期・青年期と家族のつながり

《目標&ポイント》
・家族とのつながりが，人格形成に影響を与えると同時に，思春期・青年期は，その影響から脱しようとする動きもあることを理解する。
・思春期・青年期のライフサイクル上の危機と，他の家族成員のライフサイクル上の危機との重なりと相互の影響について考える。
・家族構成のあり方と家族関係のあり方とが，密接につながっていることを理解する。
・現代の親子関係の特徴について考える。
・祖父母の世代と思春期・青年期にある孫の世代との重要な関係について知る。

《キーワード》 家族力動，ライフサイクル，世代間の境界，老年期

1. 家族という「つながり」と「まとまり」

（1）思春期・青年期と家族

　家族は，人がそこに生まれ育っていく基本的なつながりである。生活を共にして支えあい，影響を与え合う。いや，それは理想にすぎるかもしれない。家族といえども，バラバラであったり，自分を護ってくれなかったりするどころか，最も危険な存在になることすらある。

　家族は，個人のあり方を理解するためには無視できない要因である。たとえば，心理療法やカウンセリングを受けるとき，インテイク面接

（初回面接）では必ずといっていいほど家族についても尋ねられるであろう。家族とどのような関係をもっているのか，家族のことをどのように語るのか，あるいはどのような家族の中で育ってきたのか，ということが，その個人の人となりや生き方について知っていくうえで，とても重要な情報を与えてくれるからである。

　生まれたときから家族というものがなく，それがないところを生き抜いてきたという人もいる。それはそれで，逆説的であるが，「家族が不在であった」というところに，その人のかけがえのない人生や苦労，生きる努力をみることができる。このように家族に包まれていても家族が不在であっても，その意味について考えざるをえないのである。

　親から子への遺伝的な影響は否定できない。ストレスに対する脆弱性であるとか基本的な気質など，遺伝的すなわち生物学的に伝達される因子は確かにある。しかし，環境的な要因，すなわちその家族のもとで育っていったということが，考え方や振る舞いに対して影響を与える面も重要である。

　環境が与える影響といっても，「家族環境が，かくかくしかじかだったから，今あなたはこうなのだ」ということだけではない。心理学の言説は，たしかにそのように家族要因の影響を語ることが多く，また当の本人であっても，「家族がこうだったから自分はこうなったのだ」と理解することは，自分自身に悩み苦しんでいるときに，ひとつの理解を得るための灯明を与える。しかし，個人にとってさらに貴重なのは，「家族環境が，かくかくしかじかだったけれど，私はこのように生き抜いてきた」という事実であろう。

　「家族環境が，かくかくしかじかだったけれど，私はこのように生き抜いてきた」という逆説は，とりわけ思春期以降に重要となる。自分が育ってきた環境，すなわち，それまでは自分にとって当たり前で自明で

あった環境を相対化し，自分自身で生き方を選んでいこうとする動きが，思春期そして青年期には生じてくる。その人の自由あるいは実存とでも言うべきものが，立ち上がってくるのである。カウンセリングや心理療法において，その人の人となりや生き方を理解するときに，家族という環境をどのように思い，どうしようと思ったかという主体性にこそ，その人の尊厳が立ち現れてくるのである。

　「三つ子の魂百まで」というように，たしかに幼い頃の環境は，その人の人となりを形作ることに大きな影響を与える。家族を対象化したり客観化したりできなかった子ども時代，すなわち環境に包まれその影響を強く受けている時代に，その人の基礎にある情緒や対人関係上の捉え方や振る舞い方の基本的特徴が形成され，一生のあいだ何らかの形で残存していくことは多い。しかしながら，思春期・青年期になると，親に反発したり，親と距離をとって観察したり，誰かに憧れて自己形成したり，友人の影響を受けたり，自分自身のあり方を対象化したりして，家族から影響を強く受けていた自分から脱しようとするのである。すなわち，自分自身の性格に悩みはじめたとき，それは新たな自分になる可能性が始まっているのである。

　家族の影響に抗おうとして形成してきた性格を，防衛機制であるとか，偽りの自己であるというのは，意地悪な見方である。その人が自己決断をして作ろうとしてきたことを大切にしたい。

（2）家族をみる視点

　思春期・青年期において，家族からの受動的な影響から脱しようとして自らを作り上げていくといっても，それは家族から無関係になるということではない。家族の中で育った自分を引き受けつつ，新たな自分を目指すということである。

親の生き方があまりにも一面的で偏ったものであるとき，子どもは思春期以降，それとは反対の生き方をしようとすることが多い。たとえば，親が厳格すぎて，人生の楽しみをもたず仕事一筋である場合，子どもはそれとは反対に遊び歩いたり，不真面目であろうとしたりする。また，そうした遊び仲間を選んだりする。逆に，親がだらしないと，子どもはしっかり者になることもある。親が自己の感情の統制がきかず子どもを包み育む力に欠けるとき，子どもが大人や親の役割をさせられてしまうこともある。

　このように，子どもは親の一面的で行き過ぎたあり方を補償して，結果的に家族全体でバランスがとれた状態を保とうとする。ユング（Jung, C. G., 1960）は「心の補償作用」について指摘している。すなわち，個人の意識と無意識との関係について，意識があまりにも一面的であるとき，無意識はそれと対極のあり方を求め，個人のバランスをとろうとするというのである。家族の関係においても，親の自我と超自我が自身に一面的な生き方を課している場合，子どもの無意識の動きはそれに対して補償的に働くのである。

　このように家族は，一人一人の人間の集まりであると同時に，それ自体がひとつのまとまりをもつシステムである。個々の成員のあり方は，家族内のさまざまな力学，いわゆる家族力動というものに規定され，また，それぞれの家族成員のあり方が家族力動に影響を与えている。たとえば家族の誰かがそこから抜ければ，家族力動が変化し，その結果家族の成員の行動や態度，性格までもが変化する。したがって今は仲良く安定している家族でも，子どもが成長したり親が年をとったりすることで，不安定になったり解体の危機が訪れたりするのである。

　『サザエさん』に登場する磯野家は，現在は調和的で安定した家族であるが，精神科医の中井久夫氏が指摘しているように，10年後にはその

平和は成り立たない（中井，1987）。10年と言わず，あと 5 年もすれば疾風怒濤の思春期の子どもを 2 人抱え，父親も退職し，大変な危機を迎えることが予測されるだろう。本書ではエリクソンの発達の漸成説についてくり返し言及して，ライフサイクルには発達上の危機が訪れることを述べてきた。こうしたライフサイクル上の危機は家族の成員に同時に訪れることが多い。

　磯野家では今後，長男カツオと次女ワカメは思春期・青年期の危機に入り，父親の波平と母親のフネは老年期の危機に入っていく。長女サザエとその夫マスオは，中年期の危機も間近である。子どもの思春期・青年期の危機を，親が安定して抱えることができればいいのだが，子どもに余裕がないときには，親自身も自分のライフサイクル上の危機に直面し余裕がないことが多いのが現実である。

　ずっと仲が良く安定している家族というイメージは幻想である。家族には，揺れや危機が必ず訪れる。重要なのは，家族がどのように揺れや危機を生き抜いて，どのように新たに変容していくかということである。子どもが青年期に入れば，親子の関係は，それまでと異なってきて当たり前である。青年期が終わる頃には，親子関係は，それまで子が子どもだった頃とは，まったく違うものになっているだろう。

　子のほうは，思春期・青年期を通じて，非常に速いスピードで柔軟に変化していく。これに対して親のほうは，加齢に従って柔軟に変化していくことがだんだんと難しくなる。親は子が変化していくスピードについていけず，子の思春期以降は親子が良好なコミュニケーションをもてなくなってしまう家族も少なくない。

2. 思春期・青年期と親子関係

(1) 家族成員数の減少

　家族の形も，いろいろである。しばらく前は，核家族化，すなわち両親と子どもだけの世帯の増加が話題になった。祖父母と同居している世帯よりも，核家族のほうが多いという状況は，すでに定常化している。現在はこれに加えて，独居世帯が増加しつつある（図14-1）。これは，日本人の寿命の延長と高齢化に伴い，配偶者を亡くして独居する老人が増えたこと，また晩婚化と生涯独身率の上昇により，独り暮らしが増えたことの影響である。

　独居する人が増えるということは，家族から離脱する人が増えることを意味している。すなわち，一世帯あたりの家族成員数が減るのである。同居する家族の人数が少なくなると，家族の成員間の関係の多様性は劇的に減る。2人暮らしであれば，それぞれが独りでいるか，2人でいるかの関係しかない（自分にとっては2通りの関係しかない）。3人暮らしであれば，自分の目線からみて，自分独り，残りの2人のうちのどちらかと一緒（2通り），全員が一緒という4通りの関係がある。4人暮らしであれば，自分独り，残り3人のうちの誰か1人と一緒（3通り），そのうちの2人と一緒（3通り），全員が一緒という，8通りの関係がある。これが5人暮らしとなったら，その関係のあり方は尽くして考えるのも難しいほど多くなる。これに加え，自分以外の成員も，自分の目線からみるのと同様に，家族が増えればその関係の多様性は増加するので，家族関係のあり方は，より複雑で多様となりうる。

　大家族で暮らしているときは，家族の関係性の多様性があることから，自分が心理的・社会的な危機にあるときにも逃げ場がある。たとえば，両親とはうまくいかなくなったとしても，祖父母にはやさしくして

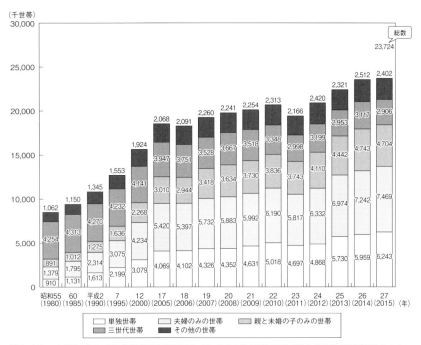

図14-1　世帯構造の経年変化（内閣府『平成29年版高齢社会白書』より一部改変）

もらったりすることができていた。また，自分が当事者である関係以外の他の家族どうしの関係を見ることで，家族関係についていろいろと考えたり学んだりすることができていた。たとえば，父親と祖父母との関係をみて，自分と親との関係を相対化して考えたり，反面教師とすることができたりしていた。

　だが，家族の人数が少ないと，自分はいつも家族関係の当事者でありつづけることになり，逃げ場がない。また，育てる側の親のほうも，子育てに向き合い続けることが暗に強制され，また，子どものことも自分

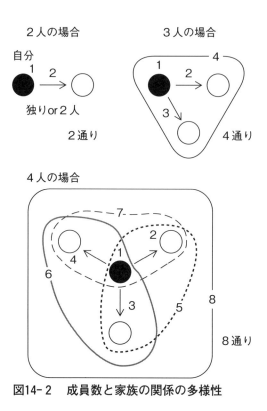

図14-2　成員数と家族の関係の多様性

との関係性の中でのみ考えざるをえず，息苦しくなってしまう。このような事情も，思春期・青年期の心理社会的な揺れに対して，家族が余裕をもって関わっていくことを難しくしている要因のひとつである。

(2) SNSの影響

　家族の成員数が少なくなり逃げ場がなくなると家族成員間の関係は親密で濃いものになっているかといえば，そうでもない。むしろそれとはうらはらに成員間の結びつきや相互作用の希薄化が生じている。逃げ場

がないのに向かい合わない，あるいは向かい合わないことで逃げ場を作っているという現象も生じているのである。

　子どもにスマートフォンでゲームをさせたり動画を見せたりすることで，親が子どもにかかりっきりの状態から解放されることが「スマホ育児」として問題視されているが，こうした「向かい合わない時間」というのは，子育てや家族関係を円滑におこなううえではある程度は必要である。家族成員が少ないことで四六時中相手に向かい合わざるをえず，相手に対して否定的な感情が生じたり，関係をこじらせてしまったりするよりはずっと良いだろう。子どもが思春期に入って難しくなると，一緒にいて向かい合うだけだとお互い息がつまるが，親も子もスマホをみている時間があることで，緊張した関係から当面開放されてほっとするかもしれない。かつては，お茶の間のテレビが，そうした緩衝材の役割を果たしていたように。

　しかし，スマートフォンのようなパーソナルな機器でSNSを使用する場合，物理的には家庭の中にいながら，家庭以外の人間関係のほうにリアリティや心理的近さを感じることも多い。今，共にいるのは，目の前にいる家族ではなく，SNSでコミュニケーションをとっている相手なのである。そして，その相手との関係のほうが，自分にとって重要で，何とかしなければならない関係なのである。ちょうど，仕事に追われる父親が，家庭にいながら仕事の電話への対応に追われ続けているような現象が，思春期・青年期の若者にも生じているのである。

　SNSにより，家族と共にいながら家族以外の人との人間関係に時間と心を割くようになったのは，子どもばかりでなく親にも生じている現象である。家族どうしが向かい合わなくてすむようになったぶん，葛藤や衝突は表面化しにくく，こじれにくい。炎上したSNSの面倒くさい関係に比べると，家族との関係は，確かにほっとするものかもしれな

い。しかしそれは，本当にほっとするものというよりも，SNSの面倒さから逃れるための仮そめのものである。実際，家族と衝突が起こりそうになったら，あるいは家族に対して否定的な感情が出てきたら，今度はSNS上のコミュニケーションやインターネット上の情報に逃げこんでしまうであろう。

　これに加え，家族の成員間でSNSやショートメッセージが利用されることも多い。それらは対面での会話とは異なるコミュニケーションの通路である。こうした通路が開かれることで，家族どうしのコミュニケーションは，対面でしか会話ができなかったときよりも，ずっと頻繁におこなわれるようになっている。しかし，すでに第12章で述べたように，対面のコミュニケーションと通信メディアを介したコミュニケーションとが，分割（スプリット）されたままで，たとえそれらのあいだに矛盾や食い違いがあっても無視されることも多い。逃げ場がなくならないように，こじれてしまわないように，複数のコミュニケーションのチャンネルを浮遊し，ズレや考えの違いといったものは，真剣に向かいあって取り上げられることがないままとなる。

（3）思春期・青年期にいる親：世代間境界のあいまい化

　テレビのコマーシャルやドラマに出てくる，思春期・青年期の子をもつ親の表象は，以前よりずいぶん若々しくなった。「肝っ玉母さん」や「頑固オヤジ」というのは，もはや祖父母の表象であり，父親や母親は，かつての青年のイメージに近くなった。「若者」という言葉が政府文書で39歳までと定義されることに象徴されるように，「大人」になることが難しくなった現代では，学ばねばならないことは多くなり，可能性を探求する期間は長くなった。エリクソンのライフサイクル論では，子が青年期に入っている頃，親は世代継承性を発揮する中年期に入り，子が

「一人前」になっていくのを見守り，やがては譲り渡していくということである。しかし現代では，青年期が長くなったために，親も子も心理・社会的には青年期にあるという家族も多い。

　思春期に入った娘と母親とがペアルックで，まるで姉妹あるいはともだちのような格好をしている様子を見ることがある。両者とも屈託なくこだわりなく仲が良くみえる。そして母親は，授業参観日に他の母親と娘のクラスのイケメンの男の子の噂をしたり，ときにはそのことを子に話したりする。まるで，思春期の真っ只中にいるかのようである。

　娘と母親の心理的な結びつきの強さは，以前から指摘されていたことである。しかし，現代のペアルックの結びつきは，それとは違う。以前なら，結びつきの強さゆえに心理的に独立を果たそうとして娘は苦しみ，母親は娘を失うまいとして必死になるという葛藤があった。しかし今ではそうした例はむしろ少なくなったように思える。娘にとって母親は自分のことを分かってくれる身近な存在である。アイドルグループの追っかけなどの興味を共有できる仲間であり，ともだちのような関係であることが多くなった。

　父親はこれまでも，どちらかというと家の中では浮いた存在であった。家族の他の成員の結びつきの中には入ることができず，自分の職場や会社にアイデンティティと所属意識を置き，まるでそれが自分にとっての「家族」であるかのようであった。そのように家族の中では不在の位置にあり，実際には心理的に未熟なまま留まっていても，家長として「みなされる」ことで，父親は架空にも権威をもつことができていた。

　しかしそうした虚構は今や成り立たなくなっている。思春期の子をもつ父親も，まるで自分が思春期の真っ只中であるかのように，テレビゲームやPCゲームに没頭したり，インターネット上の書き込みで過激な誹謗中傷を繰り返していたりするという話を聞くことも多い。

子が思春期・青年期に入りながらも，親も依然として思春期・青年期にあることで，両者がぶつからず適切な距離を保つことから，思春期・青年期の反抗期のようなものが，以前ほどはっきりとはみられなくなっている。このように世代間の境界が，あいまいになってきているのである。

　しかし，親子の距離が縮まったのかというと，決してそうではない。思春期の子どもたちからその土地の方言が聞かれなくなり，若者世代は全国どこでも似たような言葉をしゃべるようになっているように，世代内での結びつきが強くなり，世代間での「隔絶」はむしろ広がっている。

　若者たちが「そのようになりたい」と同一化し理想化する人物は，ずっと以前からメディアを通して活躍している人であったり，歴史上の人物であったりする。しかしかつては，「そのようになりたい」と思うのは，「自分の生きている日常のリアリティから出たい」ということであり，別のあり方をめざしたいということを意味していた。

　ところが，今や若者たちが住まい，日々当たり前に影響を受けている日常はすでに家族とは別のところにあり，若者たちはそうした「日常」の影響の中で成長していく。SNS上のやりとりは，書き言葉というよりも，もはや話し言葉であり，その文体は日常の会話の言い回しにも影響を与えている。また，動画サイトも，話し言葉で伝達していく現代の口承文化の担い手である。かつては双方向のコミュニケーションは対面での会話のみであり，それが口承文化の担い手であり，地域と結びついていたが，今や口承は地域性と対面を離れて展開しつつある。

3. 思春期・青年期と祖父母

（1）祖父母という存在

　子が思春期・青年期になったときにも，祖父母が健在であるということは，今や珍しいことではなくなった。また祖父母のほうも，隠居生活をするというよりも，まだまだ社会の第一線で活躍したり，退職後も新しいことにチャレンジしたり，家業を切り盛りしていたりして「現役」である。

　思春期の子がいる世帯で，祖父母（いずれかあるいは両者）と同居している世帯は，2016年で25％程度である（国立青少年教育振興機構，2017）。三世代家族は少しずつ減少しつつあるが，祖父母と同居はしていないものの日常的に交流ができるぐらいの近所に住んでいる例もまだまだ多い。祖父母は，家族力動と決して無関係な位置にいるのではない。

　すでに述べたように，家族の成員数が一人増えるごとに，そこでの関係は飛躍的に複雑で多様になっていく。それは，面と向かいあわなくてもすむ隙間と余裕ができるというポジティヴな面があることはすでに述べた。しかし逆に家族の関係が複雑になることで，家族の問題が難しくこじれてしまうというネガティヴな現象も生じうる。

　思春期・青年期に入ると，子どもが両親以上に祖父母を否定し嫌うようになる例に出会うことは多い。子育て（孫育て）をめぐって両親と祖父母が対立したり，母親の悪口を祖母が子どもに言い続けたり，祖父母のことをめぐって両親の喧嘩が絶えなかったりする。結果，子どもは，実は祖父母に相当に世話になっていながら，祖父母が家にいないほうがいいなどと思ったり，公言したりする。

　近年は，思春期・青年期の子どもと祖父母との世代間の格差は大き

い。スマートフォンやタブレットをはじめとする情報機器端末の進歩はめざましく，祖父母世代はなかなか使いこなすことができない。日常生活でも祖父母は昔ながらのやり方や道具を使用するが，それは若者からすればいかにも時代遅れにみえる。また，世間や近所とのつきあいや作法を重視することが，うるさく思われたり，見栄っ張りで形式主義だと疎まれたりする。

　これに加えて，思春期・青年期に入り扱いの難しくなってしまった子を，親が祖父母（特に祖母）に丸投げしてしまっている事例に出会うことも多い。子どもが不登校やひきこもりになってしまった家庭で，両親ともが昼は働きに出たり不在にしたりしていて，家にいる祖父母が子どもの生活を何とかしようと口うるさく言ったり，世間体を気にしたりすることで，子どもは祖父母に暴言を吐いたり暴力的に振る舞ったりする。親は子を本気では叱らず，祖父母にうるさく言われることに，むしろ同情する。親が親として振る舞うのではなく，親役割をさせられるのは祖父母である。親と子は，両者が祖父母の子として留まっているのである。

（2）超高齢化社会と思春期・青年期

　老人が思春期・青年期の若者を導いていくというテーマは，物語に多くみられる。一人前になろうとして焦り，有能になりたく強くなりたい青年を，その鼻息の荒さを宥（なだ）めながら飄々と導いていく老人の表象は，誰もが思いあたるだろう。ここには，「愚かな若者と知恵のある老人」という対比が示されている。こうした老人の表象は，ユングが言うところの老賢者の元型（アーキタイプ）である（Jung, C. G., 1960）。元型とは，どんな文化にも共通して，人間が事象を解釈し結びつけ，物語るときの基本的なパターン，人間の振る舞いの多様性に通じて存在する普遍

的なパターンである。

　愚かな若者と対比することで，年の功を重ねた老人の知恵や，人生の辛苦を超越した態度というものが浮かびあがってくる。同時に，若者がこれからどのような方向をめざせばいいのかに関するモデルをも示してくれる。若者の今後の成長を予感させ，苦しい試練の中でも希望をもつことのできる，心の支えとなるイメージを提供してくれるのである。

　しかし，現代の社会で老賢者のようになることは，とても難しくなってしまった。かつて世の中の変化のスピードがそれほど早くなかったとき，技術の進歩というものがこれほど目ざましいものでなかったころ，人が一生のあいだに積み上げていく知恵は，貴重なものであり役立つものであった。現在でも，芸事や工芸などの限定された領域であれば，老齢に入り円熟するということは十分にありうる。そうした欠けがえのない専門性をもつならばいいが，そうでない場合，老齢に入るということは，生産からの撤退を意味してしまう。

　退職後の再雇用も進んでいるが，日本の社会では，老人たちが担っている仕事は，ガードマンであったり，清掃員であったりすることも多い。これは西欧諸国では社会の周辺部分にいる移民が担っている職業である（中井，1987）。退職後も職をもつことはありがたいとはいえ，残念ながらそれまでの人生で身につけてきた知恵を活かすことができる職に就くことは，なかなか容易ではない。

　70歳を越えることが，古稀すなわち「古来稀なり」という言葉どおりであった時代，長寿の老人は，もとより頑健であるかよほど幸運であるかであった。長寿ということ自体が，意味のあることだったのである。現在は，日本人の平均寿命は「古稀」よりはるかに伸びたが，それは医療と福祉の制度に支えられてのことである。

　逆説的なことであるが，老人が増えてくると，若者との日常的な接触

の機会はむしろ少なくなってしまう。老齢人口が増えれば，老人だけの集団やコミュニティがあちこちにでき，老人の拠り所となる。そこでの話題といえば，もっぱら自分や他人の病気のこと，日常的な噂話である。また，多くの老人を少数の労働人口が支えることを効率的におこなうため，デイサービスや老健施設が増え，若者と老人の関係は，支援者と被支援者という福祉のテーマにすり替えられる。ご近所の古老を若者誰もが知っていて，しかも接点があるというのは，とうに昔の話である。以前よりずっと多くなった近所の老人は，独居でひっそりと暮らしていて，地域のコミュニティと関わりがない例も多い。

　老賢者の元型があるように，老人の姿は，若者が自分自身の将来の姿をそこに見る大切なものである。そして，親世代が思春期・青年期に留まり，子どもの親というよりともだちであるような例が増えた今，祖父母に期待される役割は，むしろ大きい。そうであるならば，祖父母世代が，これまで人類が体験したことのない超高齢化社会の中を，どのように生きていくのかということが，まさに思春期・青年期の若者たちを励まし支え，育てることにつながると言っても，大げさではないだろう。

引用・参考文献

Jung, C. G.（1960）The stage of Life. In: *The Structure and Dynamics of the Psyche*, Collected Work, vol.8, Pantheon. 387-403.

亀口憲治（著）2014『家族心理学特論』放送大学教育振興会

国立青少年教育振興機構　2017「青少年の体験活動等に関する実態調査（平成26年度調査）」

中井久夫（著）1987「世に棲む老い人」In：中井久夫（著）2011『「つながり」の精神病理』ちくま学芸文庫

中井久夫（著）1987「フクちゃんとサザエさん」In：中井久夫（著）2011『「つながり」の精神病理』ちくま学芸文庫

15 | 思春期・青年期を生きるということ

《目標&ポイント》
・思春期・青年期の心理学は，原理的に直接的には当事者の心理学ではないことを理解し，では，誰のための心理学なのかということに関して考える。
・思春期・青年期の「物語」が普遍的なものであることを理解し，その「物語」を生きることの，あらゆる世代にとっての意味を理解する。
・老年期と思春期・青年期とは，ともにマージナルな位置にあり，アイデンティティの再考が必要であるという相同性をもつこと，そしてその両者の時期の連帯の意味について考える。
・現代社会を生きるということにおける，思春期・青年期の心理臨床を学ぶ意義を考える。

《キーワード》 思春・青年期の「物語」，老年期，世代間の連帯，心理臨床

1. 思春期・青年期を生き直すこと

（1）思春期・青年期の心理学のパラドクス

　自分がまさに思春期の只中を生きているとき，「自分は思春期という時期にあるのだ」という客観的な意識はないであろう。変化していく身体や馴染みのない情念の目覚めに怯え不安に思い，そこを生き抜くのに必死である。自分に訪れるさまざまな変化に対処していくのに精一杯で，それを対象化したり抽象化したりすることはできない。その証拠に，「思春期の心理学」に興味をもって学ぶ思春期の子どもはいない。

青年期の心理学も似たような状況にある。たしかに青年期は思春期よりも，自分を客体化して自分に対して反省的な意識を向けるようになる時期であり，自分自身について考え自分のあり方を模索していく時期である。しかし，青年期にあって「青年期の心理学」を学ぶ者も，まずいない。高校生ともなれば「青年の心理」は教科書に必ず登場するテーマであるが，それに感銘を受けたとか夢中で読んだという話はきいたことがない。むしろ，何となくしらじらしく遠い感じで受け止められるものである。

　「大人」が思春期・青年期を対象化してあれこれ言うことよりも，思春期・青年期にある者は，まさに，同じ時期にある他の「仲間」の悩みや苦しみに共感しそれによって支えられている。自分が何者であるのか不安に怯え，そして何者でもないことを悔しく思い，世の中に対して怒り，新しい何かを探し求めていく情念に共感するのである。

　しかしそうであるならば，思春期・青年期の心理学は，いったい誰のための心理学なのだろうか。

　思春期・青年期の心理学は，思春期・青年期の人々が，そのことを通して自己認識を深め，この困難な時期を通り抜ける支えになるような，いわゆる「当事者のための心理学」ではないであろう。では大人たちが，なかなか理解できない思春期の子どもたちの心を理解するための心理学なのだろうか。あるいは，自分の思春期・青年期の，どこかしら心に痛みを残す記憶に取りくむための心理学なのだろうか。たしかにそういう面もあるだろう。しかし，思春期・青年期の心理学は，ほんとうにその当事者たちにつながる可能性はないのか。本章ではそのことを問い直したい。

（2）思春期・青年期という「物語」

　思春期・青年期の心のあり方に触れるとき，大人である私たちの心も震える。中原中也の詩を読むとき，サン＝デグジュペリの『星の王子さま』を読むとき，その繊細さと傷つきやすさに，私たちは，思春期の心の痛みを思い出す。あるいは，坂本龍馬をはじめとする幕末の志士たちの物語に触れるとき，そして一昔前なら，堀江青年のヨットでの太平洋横断の報[*1)]などをきくとき，私たちの心は，青年期の希望に溢(あふ)れてくる。

　このような，思春期・青年期の心のあり方に関する文学作品や物語は，実に多い。たとえば誰もがよく知る昔話の『桃太郎』や『一寸法師』も，まさに思春期にさしかかった男の子が，乾坤一擲(けんこんいってき)の無謀な旅に出る話である。それほどまでに，思春期・青年期のテーマや「物語」は，私たちの文化と心の中に深く刻まれているのである。

　思春期・青年期はライフサイクル上のひとつの時期であると同時に，人間の営みのあらゆる時期に通底する「物語」でもある。その「物語」は，実際にその時期にある者だけでなく，それ以降のライフサイクルの中でも心の中のイメージとして生き続け，折に触れて活性化する。心が折れそうになったとき，傷ついたとき，孤独を感じるとき，私たちは思春期・青年期の「物語」に共感し，支えられる。まるで，その時期にある若者・子どもたちが「仲間」に支えられるように。転職したとき，新たな事業を始めるとき，プロジェクトを立ち上げるときなどにもやはり，思春期・青年期の「物語」は，私たちを励ます支えとなるだろう。

　心が傷つくとき，新たな何かを始めるとき，私たちの人生のうえで，ひとつの変曲点に立つことになる。そのときには，自分を包んでいた自

＊1）1962年，当時23歳の堀江謙一氏は，小型ヨット「マーメイド号」を1人操縦して，94日かけて日本からサンフランシスコまで太平洋を横断した。当初はマスコミから「密出国」と批難されていたが，当時のサンフランシスコ市長がその偉業をたたえ「名誉市民」として受け入れたことをきっかけに，日本でも英雄としてたたえられた。

明の居場所や人間関係とのあいだに距離ができてしまう。そこから自分自身のあり方を問い，生き抜いていこうとする，人生の中での危機＝転機（crisis）である。

　大人になり，社会のサイクルや一定の人間関係の中に埋め込まれてしまっているとき，私たちは思春期・青年期の心を忘れている。しかし私たちと世界との関係が不確かなものとなったとき，すなわち私たちがマージナル（境界的）な位置に置かれたときに，思春期・青年期の「物語」は繰り返し甦り，私たちを支えてくれる。

（3）老年期と思春期・青年期

　ライフサイクルのうえで，私たちがマージナルな位置に置かれるのは，思春期・青年期ばかりでない。老年期もまさにそうである。

　老年期には，それまで自分の心理・社会的なアイデンティティのひとつとなっていた職業から退き，自分のアイデンティティをもう一度，根本的に再構成しなければならなくなる。家族も独立し，自分にとっての大切な伴侶を失ったり，友人を失ったりして，自分を支えていた自明な人間関係が揺らぎ，孤独の中に置かれることも多い。

　エリクソンのライフサイクル論によれば，老年期は，これまでの自分の人生を振り返り，決して楽だとはいえなかったその人生を「まあこれでよかった」と思えるように意味づけし直し，収まりをつけていく時期だと考えられている。ライフサイクル上の危機として，自分の人生など意味なかったと思う「絶望」に陥る危険性と隣合わせでありながらも，自分の人生はそれなりに意味があったと思う「統合」の感覚を得て，そして人生を眺め達観する「叡知（wisdom）」をもつことが，老年期の発達課題として考えられていた。

　しかしエリクソンがこの説を提唱したときよりも，平均寿命は今や20

年ほど長くなっている。老年期は，隠居して自分の人生を振り返っていくという時期ではなく，そこから再びどう生きるかを考えなければならない新たなはじまりの時期となりつつある。現代の超高齢化社会では，退職した後に，まるで未開の大地のような長い時間が待ち受けている。場合によっては，自分が奉職してきた時間よりも長いかもしれない。

　老年期に入るとき，人はそれまでの社会的役割から放たれ，まさにマージナルな位置に置かれる。すなわち老年期も，思春期・青年期のように自分の心理的・社会的アイデンティティを問い直さざるをえなくなるのである。

　しかし，この時期には，思春期・青年期のように気力や体力が十分にあるわけではない。新しいことを始めるのは億劫となるだろう。これまで自分のアイデンティティとなっていた過去から自由になることが難しく，新しいアイデンティティを確立できず退職後の自分の存在は無意味だと思ってしまうかもしれない。

　また，加齢にしたがって，新しいものに感動する心も鈍ってしまっているかもしれない。新たに経験することであっても，過去にあった経験と照らし合わせて解釈し意味づけるようになっていく。このように，マージナルな位置に否応でも置かれていながら，新たな変容を遂げていくことが気力的にも体力的にも難しくなっている老年期においても，思春期・青年期の「物語」は，私たちの前に甦り支えてくれると果たして言えるであろうか。

　第14章で述べたように，老人と青年とのペアは，物語によく登場する組み合わせである。年の功を重ねた老人の智慧と達観した態度は，鼻息荒い上昇志向の青年を宥めたり躱わしたりしながら，青年が進んでいくべき道を自らの姿を模範として示していく。要するにそこでは，老人のほうが青年よりも完成した人格として表象されているのである。老人

は，「古来の智慧や奥義を知っていて，未熟な青年よりもいろんな経験を積んだ存在」というわけである。

　しかしこのような表象が可能であるのは，一生のうちに学ぶべき知識というものが比較的限定されていて，一人の人間が生きているあいだには知識自体にもそれほど変化がない，いわゆる「冷たい社会」においてである。子どもから大人になるイニシエーションの儀式が，成人への参入としてはっきりと意味をもち機能していたときの話である。

　さて，現代の老人と青年のペアは，どんな物語となるだろうか。スマートフォンを自在に操る青年のほうが，老人よりも，ずっと世界の「知恵」にアクセスができて「魔法」が使えるかもしれない。老人は現在の技術革新についていけず，まごついて，どう進むべきか何をなすべきか，見通しがつかないかもしれない。「冷たい社会」の表象と比べて，現在の老人と青年の立場は，逆転してしまっているようにも見える。

　このような状況の中，もし老年期に思春期・青年期の「物語」が甦るとするならば，それは，マージナルな位置にある自分は，「実は何も知らないのだ」というところから出発して学ぼうとする勇気をもつことができるかどうかにかかっているだろう。

　見通しがつかない不安，アイデンティティの定まらぬ自分と向き合う勇気をもってこそ，すなわち自分も未完成な人間だとして認めることができてこそ，老年期の中に思春期・青年期の物語は甦るのではなかろうか。そして，思春期・青年期の者たちもマージナルな位置にあり，何かを必死で探究しようとしていて，不安と孤独に怯えている，そうした見通しのなさを共に抱える存在として，老年期にある者は若者に親密さを感じ連帯して生きることができるかどうかが重要であろう。

　思春期・青年期にある若者と接することで，その瑞々しさに励まされ，自分もこれからの不確定の人生を生きていくうえで覚悟をもったと

き，危機を生き延びる思春期・青年期の「物語」は，再び息を吹き返すのである。

2．思春期・青年期と世代性

（1）思春期・青年期の物語での共鳴

　2008年から2009年にかけてヒットし，その後も多くの人々の心に響き続けている，アンジェラ・アキの『手紙～拝啓 十五の君へ～』は，青春のまっただ中にある「十五歳の僕」と「大人になった僕」との往復書簡である。少し長くなるが，引用しておこう。

　　拝啓
　　この手紙読んでいるあなたは　どこで何をしているのだろう
　　十五の僕には誰にも話せない　悩みの種があるのです
　　未来の自分に宛てて書く手紙なら
　　きっと素直に打ち明けられるだろう
　　今　負けそうで　泣きそうで　消えてしまいそうな僕は
　　誰の言葉を信じ歩けばいいの？
　　ひとつしかないこの胸が何度もばらばらに割れて
　　苦しい中で今を生きている
　　今を生きている

　　拝啓
　　ありがとう
　　十五のあなたに伝えたい事があるのです
　　自分とは何でどこへ向かうべきか　問い続ければ見えてくる
　　荒れた青春の海は厳しいけれど

明日の岸辺へと　夢の舟よ進め
　今　負けないで　泣かないで　消えてしまいそうな時は
　自分の声を信じ歩けばいいの
　大人の僕も傷ついて　眠れない夜はあるけど
　苦くて甘い今を生きている
　人生のすべてに意味があるから　恐れずにあなたの夢を育てて
　　（後略）

　この歌は，思春期・青年期の心の迷いを端的に瑞々しく表現し，多くの中学生や高校生の共感を呼んだばかりではなく，大人の心にも強く響く力をもっている。十五の「僕」は，これからどうなっていくのか不安に怯え，鋭敏な心がゆえに傷つくことも多く，苦しい中で今を生きている。しかしこの「僕」は，未来の「自分（あなた）」に語りかけることで，命を消してしまわないで今を生き抜いていくのだという，決意を表明しているのである。

　そしてそれを受け取った大人の「僕」は，問い続ければ何か見えてくる，自分の声を信じ歩けばいいと，十五の「僕」を励ましながらも，けっして人生に達観しているわけではない。十五の思春期は青臭いとか未熟だと嗤(わら)うのでもない。むしろ自分自身も，傷ついて眠れない夜があるように，十五のときの傷つきと不安を抱えながら，「苦しくて甘い今」を生きているのである。

　この歌は，思春期・青年期にある者に対しても大人に対しても，「思春期・青年期の物語」を甦らせる力をもっている。思春期・青年期の「物語」が息を吹き返し，今の辛い時期をなんとか生き延びていこうという勇気と決意が生まれてくる。

　しかしこの「物語」が生まれてくるのは，「十五の僕」あるいは「大

NexTonePB42374号

人の僕」の単独の力だけでは不可能であろう。「十五の僕」は生き延びていった「大人の僕」をイメージし，「大人の僕」は今でも自分の心の中に響いている「十五の僕」を慈しむという，相互に相手を想い合うことがあってこそ，可能なことである。

　これは，現実に私たちが生きるうえでも，そのまま当てはまる。「思春期・青年期の物語」が「私」を支える力になるのは，どの世代であっても，マージナルな位置と危機を生き延びていこうとする者たちを想い，慈しみ，そこから学ぼうというときなのである。

（2）現代の社会と思春期・青年期

　現在，社会変化のスピードは途方もなく早くなっている。ともすれば昨日の知識が今日には古くなっているかもしれないほどである。このような流動的な社会の中で，自分の心理・社会的なアイデンティティを定めることは難しく，そのため青年期の期間は延長している。

　しかし，それは青年期にある者だけに限ったことではない。青年期をとうに通り過ぎた大人たち誰にとっても，今の社会の中で，「こう生きればいいのだ」という，心理・社会的なアイデンティティを決定することは難しくなっている。大人たちも，つねにマージナルな位置に置かれ，アイデンティティが定まらず，自分が何ものであるのか，自分はどうなっていくのかという不安に震えているのである。その意味では，誰もが思春期・青年期の危機を生きているのが，現代という時代であるといえる。

　完成された「大人」になっていくのが難しく，ライフサイクルのうえで青年期の心性と課題をもったままの時期がとても長くなってしまった現代では，「青年期」という通過点としての固有の時期はもはや消滅し，代わりに「若者」という言葉のほうが説得力をもつようになってしまっ

た。しかし，いつまでも「若者」であるということは，同時に早いうちに老いてしまうということでもある。やっと大人になれたかなと思えた時期には，すでに人生の後半期・下降期に入ってしまっているのである。

さらに現代では，自分のアイデンティティの大切な柱となる大切なことを見つけたとしても，何かに没頭して人には負けないものを作り上げたとしても，それらはすぐに古ぼけて時代遅れになってしまうこともある。すなわち，老年期にさしかかった者が体験するような「危機」，自分が作り上げたものが無化されてしまい再び何かを見いださなければならないような危機に，人格形成の途上で直面してしまうのである。今の子ども・若者たちは，思春期・青年期と老年期の危機を同時に体験してしまうと言ってもよい。

その意味でなおさら，マージナルな危機を生き抜いていく「思春期・青年期の物語」は重要になってくるだろう。その「物語」とは，危機を通過して完成された人格になったり成功したりするような英雄の「物語」ではない。傷つきやすく，不安に怯え，「負けそうで，泣きそうで，消えてしまいそうな」見通しがたたない夜の海を，共に支え会い励まし合いながら航海し，生き延びていくような「物語」であろう。

(3) 青少年の希望のなさ

内閣府が2014年に発表した「平成25年度　我が国と諸外国の若者の意識に関する調査」では，日本の若者の自己価値観の低さ，将来への希望のなさ，憂うつさなどが浮き彫りになった。この調査は，日本，韓国，アメリカ，イギリス，ドイツ，フランス，スウェーデンの計7か国で，満13歳から満29歳までの男女に対してなされた調査である。図15-1にいくつか結果を抜粋して示した。

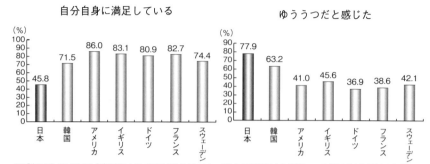

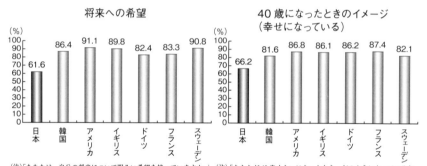

図15-1 「平成25年度 我が国と諸外国の若者の意識に関する調査」(内閣府) より抜粋

　それによると,「私は自分自身に満足している」という問いに対して, 他国が70％以上は肯定的回答であるのに対して, 日本では45.8％にとどまり, 自分に満足している若者は半数もいない。たいして, この1週間以内に「ゆううつだと感じた」ことのある若者は8割近くおり, 諸外国のほとんどで半数以下であるのに比べて大きな差がある。また,「自分

の将来について明るい希望をもっているか」「40歳くらいになったときに幸せになっているか」という2つの質問に対しては，いずれも他国が80％以上は肯定的な回答であるのに，日本では6割程度にとどまっている。

　しかし現在の日本では，将来への希望のなさや，見通しがつかず不安であるのは，若者に限ったことではないだろう。大人たちも然りである。自分自身に満足していて，1週間以内に「ゆううつだと感じた」ことがなく，また，将来に対して明るい希望をもっている大人たちは，果たしてどのくらいいるだろうか。現在の日本において，将来への明るい未来予測というものはほとんど聞かない。未来予測のほとんどは，危機がそこまで迫っているというものばかりである。こうした中，希望をもてない大人たちが，若者たちに「希望をもて」といっても，それは無理な話である。

　かつて，日本の社会が右肩上がりに発展していくという感覚を人々が共有していたとき，そこには「希望」があった。たとえ今は貧しくても，あるいは辛い日々であったとしても，将来には幸せになれる，豊かになれるという希望があった。人々はその希望に支えられ，辛い仕事も我慢したり，歯を食いしばって努力したりすることができていた。そして青年には，夢があった。

　しかし，未来がけっして幸せではないという感覚が支配的になった今，未来に向けて今の苦しさを耐え忍び努力することができるだろうか。未来が苦しいものでしかないなら，今をわざわざ苦しいものにする必要はない，今はせめて快楽的にすごしたいというのは，人間として当たり前の感情である。

　「今の若者は根性がなくなった」「我慢することを知らない」という大人からの評価をたびたび聞くが，そうした刹那的な生き方は，むしろ

若者たちが希望のない世界を生き延びていこうとするための知恵なのかもしれない。

3．思春期・青年期の心理臨床を学ぶということ

　思春期・青年期の「心理臨床」を学ぶということは，現代においてどのような意義があるのかを，最後に考えてみたい。

　すでに述べたように，少なくとも思春期・青年期の「心理学」は，その当事者が自己認識を高めるためにあるものではない。まずは，思春期・青年期を通過し，その時期のことを忘れてしまっている「大人」たちが，思春期・青年期にいる者のあり方を知り，その困難な時期を生きていく彼／彼女たちを支えていくためのものでありうるだろう。そして，自分の中にまだ未消化な痛みとして残っている，やり残したままの思春期・青年期のテーマを思い起こし自覚して，ライフサイクル上の課題に取りくんでいくためのものでもありうるだろう。

　しかし，何よりも思春期・青年期の心理臨床は，見通しがきかず，「私」のアイデンティティを常に問い直さねばならないような現代の社会の中で，不安と孤独にさいなまれる誰もが，思春期・青年期の「物語」を心に甦らせ，そのマージナルな位置と危機を生き抜いていくためのものである。思春期・青年期の「物語」を生きることを通して，さまざまな世代に連帯が生まれ，ともに生き抜いていく同士となりうる。

　かつて，エリクソンは，「臨床（clinical）」ということを，次のように定義した。

　　臨床（clinical）という言葉は，かつては死の床での僧侶の役割をさすものでした。身体の戦いが終わりを迎えようとし，魂が創造主との孤独な対面への旅立ちへ向けての導きが必要とされるときの役割で

す。実際，中世の歴史の中では，医者が何日か患者に手を施しても回復の見込みがないときには，僧侶を呼ぶよう義務づけられていたときが，あったようです。……（中略）……（神経症的な不安に捉えられている現代人は），死という最終的な孤独にさらされていないかもしれませんが，気の遠くなるような孤独，おさまりのつかない経験を，すなわち神経症的不安と呼ばれるものを持っているのです。（Erikson, E. H.（1950）: *Childhood and Society*, p.20. 訳は筆者による）

　臨床というものは，もともとは「死」という，自分がこれまで経験したこともなく見通しがつかないことがらに人々が対面することに寄り添い支えていくことである。現代を生きるうえで私たちは，「死」という最終的な孤独にこそ直面していないかもしれないが，不安と見通しのつかなさに直面している。自分の存在や自分の生き方をいったん対象化して目を向け始めると，底のみえない途方もない深みがあることに気づいて，気が遠くなりそうになる。現代における「臨床」とは，そこに寄り添っていく営みである，とエリクソンは言うのである。
　ここで重要なのは，そうした不安と見通しのつかなさに寄り添う人も，（あるいは死に寄り添う人も），それがいったいどんなものであるのか，どうしたらそこを生き抜いていくことができるのか，答えを知っているわけではないということである。答えは知らないが，自分もその人と共に生き抜いていこうという決意と希望が問われる，それこそが心理臨床と呼ばれるものである。
　思春期・青年期の心理臨床を学ぶ意義とは，まさに私たちが，思春期・青年期の者たちと共に生きていこうと決意し希望すること，そして自分自身が「今」を生き抜いていこうと決意し希望することではないだろうか。思春期・青年期の子どもや若者たちを支援していくためには，

まず私たちが希望をもつことから始めねばならない。

引用・参考文献

Erikson, E. H.（1950）*Childhood and Society*. Norton.
内閣府 2014「平成25年度 我が国と諸外国の若者の意識に関する調査」
　http://www8.cao.go.jp/youth/kenkyu/thinking/h25/pdf/b1.pdf（2018年9月現在）

索 引

●配列は五十音順。

●あ 行

愛着　201
青い山脈　22
悪　114
アグレッション（攻撃性）　161
アスペルガー症候群　54
遊び型非行　107
アパシー　119
異界　84
異界の表象　94
「いきなり型」非行　107
いじめ　124, 125, 165
異性愛　145
異性との親密性　45
一寸法師　230
逸脱　98
遺伝　212
イニシエーション（通過儀礼）　20, 100, 103, 141
異文化体験　91
意味記憶　29
インスタグラム　187, 195
インターネット　185, 190
インテイク面接（初回面接）　211
叡知（wisdom）　231
エミール　14, 32
親子同席面接　150
親子並行面接　150
親の心理的課題　151

●か 行

（家族の）危機　215
（学校の）怪談　85
カウンセリング心理学　75
過換気症候群　136
核家族　216
学習障害（Learning Disability：略称LD）　54, 56
過食・嘔吐　139
過食症（Bulimia Nervosa）　138, 139
家族　211
学校　67
学校管理下での暴力　110
学校恐怖症　121
学校の管理主義　125
加齢　232
感覚記憶　29
危機　231
帰国子女　88
儀式的行為　140
規範　43
希死念慮　142
基本的信頼感　201, 204
虐待　202
境界　86
境界人（マージナルマン）　11, 100
境界性人格障害　167
境界例児童　60
共同注意（joint attention）　171
強迫神経症　26
強迫性障害　137, 140
拒食症　138
近代　20
虞犯少年　104
グループ　41, 168, 178
形式的操作期　29
携帯電話　184, 189
軽度発達障害　63

月経　135
元型（アーキタイプ）　224
高機能自閉症　56
高等遊民　120
行動療法　155, 172
広汎性発達障害（Pervasive Developmental Disorders：略称 PDD）　54
コーディネーター　76
古稀　225
心の中の「異界」　93
心の補償作用　214
子ども・若者育成支援推進法　129
子ども期　73
子供・若者白書　平成28年度版　112
子どものうつ病　118
子どもの心の闇　125
コムニタス（communitas）　102
コラージュ療法　159
コンサルテーション　77

●さ　行

サザエさん　214
三項関係　171
自意識　133
ジェンダー　48
ジェンダーアイデンティティ　40
視覚的構造化　173
自我体験（Ich-Erlebnis）　27, 84
自我同一性（アイデンティティ，ego identity）　18, 34, 200, 205
自己開示　169
自己視線恐怖　138
自己探求　79
自殺衝動　142

思春期　10
思春期・青年期の「物語」　230
思春期・青年期のクライアント　152
思春期内閉　117, 128
自傷行為　141, 166
自尊感情　142, 166, 195
疾風怒濤（Sturm und Drang）　31
自閉症　54, 60
自閉症スペクトラム障害／自閉スペクトラム症（Autistic Spectrum Disorder：略称 ASD）　56, 164, 166
社会的役割（social role）　68
視野狭窄　136
集団療法　168
醜形恐怖（醜貌恐怖）　26, 137
準ひきこもり　127
情緒的関わり　59
情動調律的　55
小児期崩壊性障害　55
少年犯罪の凶悪化論　107
少年法　104
職業的アイデンティティ　206
触法少年　105
初発型非行　107
神経性食思不振（Anorexia Nervosa：いわゆる拒食症，制限型の摂食障害）　138
身体的変化　134
シンナーの吸引　108
心理・社会的危機　18, 199
心理的危機　198
心理的な性（ジェンダー，gender）　143
心理的モラトリアム　106
心理臨床　240
スクールカウンセリング　74

スクルカウンセラー　74
スタンド・バイ・ミー　41
ステューデント・アパシー　119
スプリット（分割）　192
スマートフォン　184, 219
スマートフォンの所有・利用率　185
性的指向性　49, 145
性的衝動　44
性的同一性（セクシュアル・アイデンティティ）　145
性的マイノリティ　144
生徒　72
性同一性障害　143
性同一性障害者の性別の取扱いの特例に関する法律　144
青年期　11
生物学的な性　143
セイラムの魔女裁判　83
セクシュアリティ（性愛）　44
セクシュアリティからの退却　49
世代　19
世代間の境界　222
世代継承性（generativity）　19, 200, 220
摂食障害　26, 138
セラピスト自身のライフサイクル　154
前思春期（prepubescent もしくは preadolescence）　25, 40, 84, 133
漸成説　17
双極性障害　167
相互性（mutuality）　19, 199
早熟　46
祖父母　223

●た　行
怠学　121
第二次性徴　10, 44
第二の誕生　14
他者に対する配慮　46
他者の心情の理解　55
タトゥー　141
多動性　57
チャム（chum）　39, 123, 150, 164
注意欠如・多動症（Attention-Deficit/Hyperactivity Disorder：略称 ADHD）　54, 57
中年期の危機　215
超高齢化社会　226, 231
通級指導　176
冷たい社会　233
転換性障害　136
転換性ヒステリー　136
転校　90
動画サイト　187
登校拒否　121
登校刺激　125
統合失調症　138
同性愛（レズビアン，ゲイ）　145
同性愛的テーマ　50
同性グループ　48
特定不能の広汎性発達障害　55
特別支援教育　176
特別支援学校　176
都市伝説　95
独居世帯　216
ともだち関係　37
ドラえもん　42

●な 行

仲間　41, 168, 229
ニート　127, 208
二次障がい　61
認知行動療法　155
ネグレクト　202

●は 行

バーチャル　187
バーンアウト　124
箱庭　159
発達課題　198
発達障がい（developmental disorder）　52, 163
発達障害者支援法　54, 176
発達の漸成説　198
ハラスメント　209
反抗型非行　106
反抗期　31
犯罪少年　104
ひきこもり　126, 167
非言語的療法　158
非行　104
非行の波　105
引越し　87
表現療法（芸術療法）　158
物理的構造化　173
不登校　121, 157
フラッシュバック　166
フリーター　208
プレイセラピー（遊戯療法）　158, 160
分割（スプリット）　220
文化の感受期　90
分離不安型　201

分離不安型の不登校　123
別室　76
ペンフレンド（ペンパル）　183
暴走族　44
暴力　110
ポケットベルサービス（略称「ポケベル」）　183
保健室　76
星の王子さま　230
ポルノ　50

●ま 行

未達成な発達課題　199
メディア　65, 180
目的論的観点　156
黙読の習慣　181
モニタリング　168
物語　230
モバイルメディア　188
桃太郎　230
モラトリアム　15, 119, 206
モラトリアム人間　120

●や 行

養護教諭　76
抑制機能　164
横並びの（side-by-side）関係　171
世捨て人　127

●ら 行

来談者中心療法　78
ライフサイクル　17, 198
ラポール　153, 170
リアリティ　194

リストカット　141, 142
リミナリティ（liminality）　101, 129
留学　90
両性愛（バイセクシュアル）　145
臨床（clinical）　240
臨床心理士　74
レット障害　55
恋愛　45
老賢者　225
老年期　231
ロミオとジュリエット　13

●わ　行
ワーキングメモリ　58
若きウェルテルの悩み　20, 182
若者　129, 233

●人　名
アンジェラ・アキ　234
石坂洋次郎　22
エリック・エリクソン（Erikson, E. H.）
　15, 120, 198, 240
小此木啓吾　120
尾崎豊　32
オズボーン　206
カナー（Kanner）　60
クルト・レヴィン（Kurt Lewin）　11, 100
ゲーテ（Goethe, J. W. von）　20, 182
坂本龍馬　22
サリヴァン（H. S. Sullivan）　39
ターナー（Turner, V. W.）　100
中井久夫　214
中原中也　230
ハンス・アスペルガー　60

ピアジェ　29
ビューラー（Bühler, Ch.）　27
フィリップ・アリエス（Aries）　73
ベートーベン　21, 182
マクルーハン　180
松本俊彦　141
ミーハン（Mehan, H.）　69
ユング（Jung, C. G.,）　214, 224
ルソー（Rousseau, J-J.）　14
ロジャーズ（Rogers, C. R.）　78

●英　字
ABA（Applied Behavior Analysis：応用行動分析）　173
ADHD　62
DSM（Diagnostic and Statistical Manual of Mental Disorders：精神障害の診断と統計マニュアル）　54
f-MRI　58
Facebook　187
I-R-E連鎖　70
ICD-10（国際疾病分類第10版）　53
ICD（International Statisitical Classification of Diseases and Related Health Problems：疾病及び関連保健問題の国際統計分類）　53
LGBT　144
LINE　187, 189, 191
MBD（Minimal Brain Dysfunction，微細脳障害）　60
SNS　65, 95, 182, 187, 220
SST（ソーシャルスキルトレーニング）　178
TEACCH（Treatment and Education of

Autistic and related Communication-handicapped Children：自閉症およびそれに関連するコミュニケーションに課題を抱える子どものための治療と教育）　173

Twitter　187, 191

著者紹介

大山　泰宏（おおやま・やすひろ）

1965年	宮崎県に生まれる
1997年	京都大学大学院教育学研究科博士課程研究指導認定，京都大学高等教育教授システム開発センター助手
1999年	京都大学高等教育研究開発推進センター准教授
2008年	京都大学大学院教育学研究科准教授
現　在	放送大学教授，博士（教育学），臨床心理士
専　攻	心理臨床学
主な著書	心理療法と因果的思考（共著，岩波書店） セラピストは夢をどうとらえるか―五人の夢分析家による同一事例の解釈（共著，誠信書房） 日常性の心理療法（単著，日本評論社） 生徒指導・進路指導（編著，教職教養講座　第10巻，協同出版）

放送大学教材　1529293-1-1911（ラジオ）

新訂　思春期・青年期の心理臨床

発　行　　2019 年 3 月 20 日　第 1 刷
　　　　　2024 年 1 月 20 日　第 3 刷
著　者　　大山泰宏
発行所　　一般財団法人　放送大学教育振興会
　　　　　〒105-0001　東京都港区虎ノ門 1-14-1　郵政福祉琴平ビル
　　　　　電話　03（3502）2750

市販用は放送大学教材と同じ内容です。定価はカバーに表示してあります。
落丁本・乱丁本はお取り替えいたします。

Printed in Japan　ISBN978-4-595-31925-9　C1311